MÉCANISME

DE LA

PHYSIONOMIE HUMAINE

Paris. — Imprimerie de L. MARTINET, rue Mignon, 2.

MÉCANISME

DE LA

PHYSIONOMIE HUMAINE

OU

ANALYSE ÉLECTRO-PHYSIOLOGIQUE

DE L'EXPRESSION DES PASSIONS

PAR LE DOCTEUR

G.-B. DUCHENNE (de Boulogne)

Lauréat de l'Institut de France et de l'Académie de médecine de Paris (prix Itard),
Lauréat du concours Napoléon III sur l'électricité appliquée,
Membre titulaire de la Société de médecine de Paris,
Membre correspondant des Académies, Universités et Sociétés de médecine de Dresde, Florence, Gand,
Genève, Kieff, Leipzig, Madrid, Moscou, Naples, Rome, Saint-Pétersbourg, Stockholm,
Vienne, Wurtzbourg, etc.
Chevalier de la Légion d'honneur.

AVEC UN ATLAS

Composé de 74 figures électro-physiologiques photographiées

PARIS

CHEZ Vᵉ JULES RENOUARD, LIBRAIRE

RUE DE TOURNON, 6, FAUBOURG SAINT-GERMAIN.

1862

Tous droits réservés.

PRÉFACE

« Lorsque l'âme est agitée, la face humaine devient un tableau vivant où les passions sont rendues avec autant de délicatesse que d'énergie, où chaque mouvement de l'âme est exprimé par un trait, chaque action par un caractère dont l'impression vive et prompte devance la volonté, nous décèle et rend au dehors, par des signes pathétiques, les images de nos plus secrètes agitations. » (Buffon, *Histoire de l'homme.*)

L'âme est donc la source de l'expression; c'est elle qui met en jeu les muscles et qui leur fait peindre sur la face, en traits caractéristiques, l'image de nos passions. En conséquence, les lois qui régissent l'expression de la physionomie humaine peuvent être recherchées par l'étude de l'action musculaire.

C'est un problème dont je cherche la solution depuis bien des années, provoquant, à l'aide de courants électriques, la contraction des muscles de la face, pour leur faire *parler* le langage des passions et des sentiments. « L'expérience, dit Bacon, est une sorte de question appliquée à la nature pour la faire parler. » Cette étude attentive de l'action musculaire partielle m'a révélé la raison d'être des lignes, des rides et des plis de la face en mouvement. Or, ces lignes et ces plis sont justement les signes qui, par leurs combinaisons variées, servent à l'expression de la physionomie. Il m'a donc été possible, en remontant du muscle expressif à l'âme qui le met en action, d'étudier et de découvrir le mécanisme, les lois de la physionomie humaine.

Je ne me bornerai pas à formuler ces lois; je représenterai par la photographie les lignes expressives de la face pendant la contraction électrique de ses muscles.

En résumé, je ferai connaître par l'analyse électrophysiologique, et à l'aide de la photographie, l'art de peindre correctement les lignes expressives de la face humaine, et que l'on pourrait appeler *orthographe de la physionomie en mouvement*.

DUCHENNE (de Boulogne).

Paris, le 1ᵉʳ janvier 1862.

TRAVAUX DE L'AUTEUR

De l'art de limiter l'excitation électrique dans les organes sans piquer ni inciser la peau, nouvelle méthode d'électrisation, appelée *électrisation localisée*, et dont les principes, résumés dans une note adressée en 1847 à l'Académie des sciences, ont été développés et publiés dans les *Archives générales de médecine*, en juillet et août 1850, et février et mars 1851.

Description de l'appareil volta-faradique à double courant du docteur Duchenne (de Boulogne). Mémoire et appareil présentés par M. Despretz à l'Académie des sciences en 1848.

Recherches électro-physiologiques, pathologiques et thérapeutiques, ou série de mémoires adressés à l'Académie des sciences le 24 mai 1849, couronnés par l'Institut, développés et publiés en partie dans les *Archives générales de médecine*. L'un de ces mémoires traitait de l'*atrophie musculaire avec transformation graisseuse* et des paralysies atrophiques de cause traumatique et saturnine.

Recherches sur l'état de la contractilité et de la sensibilité électro-musculaires dans les paralysies du membre supérieur, étudiées à l'aide de l'électrisation localisée. Mémoire présenté à l'Académie des sciences et à l'Académie de médecine, janvier 1850.

Recherches électro-physiologiques sur les fonctions des muscles de la face. Mémoire adressé à l'Académie de médecine et à l'Académie des sciences, le 14 mars 1850. — Rapport de M. Bérard.

Recherches électro-physiologiques et pathologiques sur les propriétés de la corde du tympan. Mémoire présenté à l'Académie des sciences et à l'Académie de médecine (*Arch. gén. de méd.*, décembre 1850).

Du choix des appareils d'induction au point de vue de leur application à la thérapeutique et à l'étude de certains phénomènes électro-physiologiques et pathologiques. Mémoire présenté à l'Académie de médecine en 1851. — Rapport de M. Soubeiran.

Recherches sur les propriétés physiologiques et thérapeutiques de l'électricité de frottement, de l'électricité de contact et de l'électricité d'induction (*Arch. gén. de méd.*, mai 1851).

Recherches électro-physiologiques et pathologiques sur les muscles qui meuvent l'épaule sur le tronc et le bras sur l'épaule. Mémoire présenté à l'Académie de médecine le 24 août 1852.

Recherches électro-physiologiques et pathologiques sur l'action particulière et les usages des muscles qui meuvent le pouce et les doigts de la main. Mémoire présenté à l'Académie des sciences et à l'Académie de médecine en février 1851 (*Arch. gén. de méd.*, mars, avril et juillet 1852).

Étude comparée des lésions anatomiques dans l'atrophie musculaire graisseuse progressive et dans la paralysie générale (*Union médicale*, 1852).

Note sur l'influence thérapeutique de l'excitation électro-cutanée dans l'angine de poitrine (*Bull. gén. de thérap.*, 1853, p. 241).

De la valeur de l'électrisation localisée comme traitement de l'atrophie musculaire progressive (*Bull. gén. de thérap.*, 1853, p. 295, 407 et 438).

De l'action spéciale de l'électricité d'induction sur la force tonique des muscles (*Bull. gén. de thérap.*, 1853, p. 337).

Recherches électro-physiologiques, pathologiques et thérapeutiques sur le diaphragme (*Union médicale*, 1853, n°ˢ 101, 105, 109, 149, 155, 162, 166 et 173).

Recherches sur une nouvelle propriété démontrée par la pathologie, l'*aptitude motrice indépendante de la vue*, appelée par l'auteur *conscience musculaire*. Mémoire adressé à l'Académie des sciences et à l'Académie de médecine le 20 décembre 1853.

De l'action thérapeutique de l'électrisation localisée dans le traitement des paralysies consécutives à l'hémorrhagie cérébrale (*Bull. gén. de thérap.*, 1854, p. 241 et 337).

De l'influence de l'électrisation localisée sur l'hémiplégie faciale, et de la contracture comme terminaison fréquente de cette maladie (*Gaz. hebdom.*, 1854).

Paralysie atrophique graisseuse de l'enfance; son diagnostic, son pronostic et son traitement par l'électrisation localisée. Mémoire adressé à l'Académie de médecine le 5 septembre 1854 (*Gaz. hebdom.*, 1855).

Note sur l'influence de la respiration artificielle par la faradisation des nerfs phréniques dans l'intoxication par le chloroforme, adressée à la Société médicale d'émulation (*Union médicale*, 1855, p. 150 et 154).

Recherches sur le second temps de la marche, d'après l'observation pathologique; déductions pratiques. Mémoire adressé à l'Académie des sciences (*Union médicale*, 1855, p. 436 et 442).

L'irritabilité n'est pas nécessaire à la motilité, ou l'intégrité de la contractilité électro-musculaire n'est pas nécessaire à l'exercice des mouvements volontaires. Mémoire adressé à l'Académie des sciences en 1856, reproduit dans la précédente édition (deuxième partie, chap. V, art. 1er).

Recherches électro-physiologiques et pathologiques sur les muscles qui meuvent le pied sur la jambe. Mémoire présenté à l'Académie de médecine et à l'Académie des sciences (*Arch. gén. de méd.*, n^{os} de juin, juillet, décembre 1856 et de février 1857).

Orthopédie physiologique, ou déductions pratiques de mes recherches électro-physiologiques et pathologiques sur les mouvements de la main (*Bull. de thérap.*, 1857).

Note sur quelques nouvelles propriétés différentielles des courants d'induction de premier ordre et de second ordre, adressée à l'Académie de médecine le 18 mars 1858.

De la valeur de la faradisation de la corde du tympan et des muscles moteurs des osselets appliquée au traitement de la surdité nerveuse (*Bull. de thérap.*, 1858).

Note sur le spasme fonctionnel et sur la paralysie fonctionnelle (*Bull. de thérap.*, 1858).

Recherches sur l'*ataxie locomotrice*, maladie caractérisée spécialement par des troubles généraux de la coordination des mouvements. Mémoire adressé à l'Académie des sciences et à l'Académie de médecine (*Arch. gén. de méd.*, décembre 1858 et janvier, février, avril 1859).

De la genèse du pied plat valgus par la paralysie du long péronier latéral, et du pied creux valgus par contracture du long péronier latéral. Mémoire adressé à la Société de chirurgie en 1860.

Paralysie musculaire progressive de la langue, du voile du palais et des lèvres, maladie non encore décrite. Mémoire adressé à l'Académie de médecine et à l'Académie des sciences (*Arch. gén. de méd.*, septembre et octobre 1860).

Prothèse musculaire physiologique des membres inférieurs (*Bull. de thérap.*, 1861).

De la curabilité et du diagnostic de la surdi-mutité nerveuse par la faradisation de la corde du tympan et des muscles moteurs des osselets (*Bull. de thérap.*, 1861).

De l'électrisation localisée et de son application à la pathologie et à la thérapeutique. 2e édition, Paris, 1861, in-8.

Sous presse :

Électro-physiologie musculaire, 1 vol. in-8.

MÉCANISME

DE LA

PHYSIONOMIE HUMAINE

CONSIDÉRATIONS GÉNÉRALES

CHAPITRE PREMIER.

REVUE DES TRAVAUX ANTÉRIEURS SUR L'ACTION MUSCULAIRE DANS LE JEU DE LA PHYSIONOMIE EN MOUVEMENT.

Je ne confondrai pas dans cette revue les auteurs qui se sont spécialement occupés de la physionomie en mouvement (la *symptomatologie* des passions), avec ceux qui se sont livrés spécialement à l'examen des signes des penchants et des habitudes, à l'étude de la physionomie au repos (la physionomie proprement dite).

Parmi les premiers, les uns, entre autres le célèbre peintre

Lebrun (1), ont seulement représenté les aspects divers de la physionomie produits par les passions, sans se préoccuper de ses lois motrices, et il en est d'autres qui ont essayé d'analyser les mouvements expressifs de la face en recherchant quelle était alors l'action propre des muscles de cette région. Je vais rappeler seulement les travaux de ces derniers auteurs, afin de faire connaître en quoi mes recherches diffèrent des leurs; je ne parlerai toutefois que des principaux d'entre eux.

I.

COUP D'ŒIL HISTORIQUE.

De tout temps les anatomistes ont reconnu que les muscles de la face président à l'expression symptomatique des passions; mais c'est seulement vers la fin du siècle dernier et au commencement de celui-ci que l'on a étudié d'une manière spéciale comment ou dans quelles circonstances chacun d'eux se contracte sous l'influence des émotions de l'âme.

A. En 1792, le savant auteur de la *Dissertation sur les variétés naturelles qui caractérisent la physionomie des hommes des divers climats et des différents âges*, Camper, — qui cultivait aussi la peinture avec talent, — a essayé de

---

(1) Lebrun a fait connaître une méthode pour apprendre à dessiner les passions, dans un discours prononcé dans l'Académie royale de peinture et de sculpture.

déterminer la part exacte qui revient aux muscles de la face dans le jeu des passions (1); il y a moins étudié l'action propre des muscles que l'influence des nerfs sur la physionomie.

Il n'a pas été aussi heureux dans ce genre de recherches que dans ses autres travaux. Attribuant en effet à la cinquième paire une action motrice semblable à celle de la septième paire, il a placé les mouvements expressifs de la face sous la dépendance tantôt de l'un et tantôt de l'autre de ces nerfs.

« Dans la tristesse absolue, dit-il, c'est la cinquième paire qui agit....

» Lorsqu'un homme est joyeux, les seules parties qui entrent en action sont celles qui dépendent immédiatement de la septième paire des nerfs...

» Lorsqu'on pleure, la seule différence consiste en ce que tous les muscles qui sont mus par la cinquième paire de nerfs sont encore plus fortement agités....

» La septième paire nous fait rougir et pâlir, et en fait connaître le comment..... »

A l'époque où écrivait Camper, les propriétés spéciales de la septième paire et de la cinquième paire étaient encore ignorées. Aujourd'hui, on sait que les mouvements des muscles de la face sont sous la dépendance du premier de ces nerfs, et que le second seul préside à sa sensibilité; que la paralysie de celui-ci ne trouble ni les mouvements

(1) P. Camper, *Discours sur les moyens de représenter d'une manière sûre les diverses passions qui se manifestent sur le visage*, 1792.

volontaires de la face, ni ses mouvements expressifs, tandis que la paralysie de la septième paire est nécessairement suivie de l'abolition de sa motilité.

On trouve dans le discours de Camper une seule proposition importante.

« Les plis du visage, dit-il, doivent nécessairement couper à angles droits le cours ou la direction des fibres musculaires. »

C'est le premier auteur qui ait fait cette remarque, mais il ne l'a pas démontrée; je prouverai même qu'elle n'est applicable qu'à un certain nombre de muscles, et qu'il serait impossible d'expliquer, de cette manière, la formation de quelques plis ou rides qui se produisent pendant le jeu de la physionomie.

B. Lavater, on le sait, s'était livré à l'étude de la physionomie au repos, de la *physiognomonie* proprement dite; ses recherches reposaient sur la différence et sur la combinaison des contours et des lignes, des profils et des silhouettes. Il n'aurait certainement pas autant négligé l'observation de la physionomie en mouvement, qui devrait servir de base à l'examen de la physionomie au repos, s'il avait été, ou anatomiste, ou physiologiste, ou médecin, ou même naturaliste.

Les savants qui s'étaient imposé la tâche difficile de réunir les différentes recherches que ce grand observateur avait publiées sous le titre de *Fragments*, avaient compris que l'étude de la physionomie en mouvement, entièrement omise par Lavater, devait précéder celle de la physionomie au repos.

En 1805, Moreau (de la Sarthe), professeur à la Faculté de médecine de Paris, et l'un des principaux collaborateurs du grand *Traité de la physiognomonie* de Lavater, a composé pour son ouvrage un article important *sur la structure, les usages et les caractères de différentes parties de la face de l'homme* (1).

Il s'en est incontestablement acquitté avec talent; il s'est livré à l'examen particulier et détaillé de l'usage et des effets physionomiques de chaque muscle; il est entré, à cette occasion, dans des développements physiologiques dont, selon cet auteur (et c'est aussi mon opinion), on ne trouve pas même l'indication dans les meilleurs traités d'anatomie et de physiologie qui avaient été publiés avant lui.

C. Un physiologiste anglais qui a illustré son nom par de très belles recherches sur le système nerveux, Charles Bell, a publié un livre intitulé *The Anatomy and Philosophy of expression*. S'il avait livré ce livre à la publicité avant le travail de Moreau (de la Sarthe), la physiologie des muscles de la face lui devrait certainement un progrès.

Ses idées sur l'action propre de ces muscles et sur la ma-

---

(1) *L'art de connaître les hommes par la physionomie*, par Gaspard Lavater, 4ᵉ édit., 1820, t. IV, art. 3.

nière dont ils se combinent pour exprimer les passions, sont à peu près les mêmes que celles de l'anatomiste français. Il est permis de supposer cependant qu'il n'avait pas connaissance alors de la publication du grand ouvrage de Lavater, édité l'année précédente à Paris.

Un livre écrit par l'homme dont les investigations expérimentales devaient, quelques années plus tard, jeter une si vive lumière sur certaines parties du système nerveux, ne pouvait être une œuvre ordinaire, bien qu'il n'offrît pas un grand intérêt de nouveauté. La science profonde de l'auteur, unie à ses connaissances pratiques du dessin et de la peinture, et surtout à son amour pour les beaux-arts, rend la lecture de ce livre, richement édité, autant instructive qu'agréable (1).

D. La plupart des auteurs qui, après les travaux que je viens de rappeler, ont traité la même question, n'ont fait que reproduire les opinions de Moreau et de Charles Bell. Je dois toutefois mentionner ici un mémoire de Sarlandière (2) : l'auteur paraît avoir étudié un peu plus spécialement que ces prédécesseurs l'action propre des muscles de la face ; mais les faits historiques qui précèdent, démontrent qu'il a eu

---

(1) Charles Bell, qui depuis son enfance cultivait avec amour l'art du dessin, avait un talent d'artiste. On en trouve la preuve dans des figures qu'il a dessinées à la plume, et qu'il a fait reproduire, par la gravure, dans son traité des grandes opérations chirurgicales (*Illustrations of the operations of surgery*, in-fol., 20 pl. color., London, 1821).

(2) *Physiologie de l'action musculaire appliquée aux arts d'imitation*.

tort d'écrire dans sa préface : « Aucun de nos auteurs (ceux qui l'ont précédé) n'a examiné comment chaque muscle se contracte en particulier, soit sous l'influence des passions, soit sous celle de la volonté, ou indépendamment de cette volonté, pour produire, par ces mouvements partiels ou d'ensemble, l'expression ou les gestes. » Sarlandière a attribué aux muscles auriculaires une influence sur l'expression ! C'était assurément une idée nouvelle ; malheureusement le rôle qu'il leur fait jouer dans ce cas est impossible.

Je n'ai pas l'intention d'exposer actuellement une analyse complète des travaux que je viens de mentionner ; il sera plus opportun de revenir sur ce sujet à l'occasion de l'étude des faits particuliers. Il me sera facile alors de démontrer que les auteurs de ces travaux, dont plusieurs ont acquis une grande célébrité, ont commis de nombreuses erreurs ; il ne pouvait en être autrement, ainsi que je vais essayer de l'expliquer.

II.

CONSIDÉRATIONS CRITIQUES SUR LES DIVERS MODES D'INVESTIGATION EN USAGE DANS L'ÉTUDE DE LA MYOLOGIE.

Les traités de myologie nous offrent, après la description de chaque muscle, un exposé plus ou moins étendu de leurs usages. Plusieurs méthodes avaient été employées pour arriver à déterminer l'action des parties contractiles; les voici, d'après le professeur Bérard :

« 1° Tantôt le relief des muscles, pendant la production de certains mouvements, trahissait l'aspect qu'ils y prenaient. Le biceps et le brachial antérieur se tuméfient pendant que l'avant-bras se fléchit; évidemment ils sont fléchisseurs de cette partie. Ma tempe se gonfle pendant que mes mâchoires se rapprochent; sans aucun doute, le temporal tire en haut l'apophyse coronoïde.

» 2° Tantôt la configuration des surfaces articulaires indiquait les usages des muscles voisins. Jamais un muscle passant sur une articulation ginglymoïdale n'y déterminera des mouvements latéraux ; il sera fléchisseur ou extenseur, suivant qu'il se rapprochera davantage d'un des plans opposés dans lesquels se font les mouvements.

» 3° Plus souvent encore, on avait recours à l'excellent critérium que je vais indiquer, à la véritable pierre de touche de l'action musculaire.

» Étant donnée la notion qu'un muscle se raccourcit pendant son action, ou plutôt que ses fibres se raccourcissent (ce qui n'est pas tout à fait la même chose), disséquez un muscle sur le cadavre, imprimez différents mouvements à la partie, observez le moment où les fibres se tendent et celui où elles se relâchent, vous pourrez prononcer, presque à coup sûr, que, sur le vivant, le muscle contribue à amener la position dans laquelle vous voyez ses fibres relâchées sur le cadavre. Ce moyen si simple, si fécond, je ne saurais dire qui l'a inventé, ni même qui me l'a appris ; il a dû se présenter au premier anatomiste qui vit un muscle se raccourcir pendant sa contraction.

» 4° Enfin, lorsque de vives controverses s'élevaient sur l'action de certains muscles, il n'était pas rare qu'on en appelât aux vivisections pour le jugement du débat. »

Ces modes d'exploration sont tous parfaitement applicables à la myologie des membres et du tronc, et je reconnais, avec Bérard, que, grâce à eux, on était déjà assez avancé dans la connaissance des usages particuliers de chaque muscle ; mais je ne pense pas comme lui, cependant, que, pour ce qui regarde la myologie des membres, il restait seulement quelques parties à compléter, quelques opinions à rectifier (1).

Sans être injuste envers mes devanciers, sans sacrifier toute l'antiquité pour la plus grande gloire des progrès modernes, on peut affirmer aujourd'hui qu'avant mes recherches électro-physiologiques, on possédait sur l'action propre des muscles de la main des notions tellement incomplètes, qu'il était impossible d'expliquer le mécanisme des moindres mouvements de la main.

Comment, par exemple, était-il possible de mouvoir les phalanges en sens inverse, comme dans tous les usages de la main, comme lorsqu'on écrit, etc.? C'est ce que l'on ignorait.

(1) A l'époque où Bérard écrivait ces lignes, mes Recherches électro-physiologiques sur la main, l'épaule, le pied, le diaphragme, n'étaient pas encore publiées. Il a reconnu plus tard que la physiologie musculaire laissait beaucoup à désirer.

— Les notions physiologiques étaient également insuffisantes pour les muscles qui meuvent le pied et pour ceux de quelques autres régions. — Il en sera probablement de même de celles qu'il me reste à explorer.

Si donc, malgré l'emploi des divers modes d'investigation généralement en usage dans l'étude de la myologie, il n'a pas été possible de déterminer, pour les membres, l'action individuelle et les fonctions d'un grand nombre de muscles, la difficulté est bien plus grande encore à la face, où ces modes d'investigation ne sont pas pour la plupart applicables.

Ainsi : 1° à la face, il est peu de muscles dont on puisse reconnaître l'action par leur gonflement ou leur saillie ; 2° dans cette région, point de surfaces articulaires dont la configuration indique les usages des muscles voisins ; 3° cette véritable pierre de touche de l'action musculaire, qui consiste *à rapprocher les deux extrémités d'un muscle de manière à le mettre dans le relâchement* (ce qui permet d'en déduire à coup sûr que ce muscle contribue à ramener la position dans laquelle on voit ses fibres relâchées sur le cadavre), n'est pas applicable à la myologie de la face. De quelle utilité peuvent être de tels modes d'exploration pour arriver à connaître l'action propre des muscles de la face, les rides, les plis, les reliefs nombreux et infiniment variés que chacun d'eux imprime à la peau ? Ils ne pourraient, en un mot, montrer l'influence que ces muscles exercent sur l'expression.

On doit vraiment admirer le talent d'observation de ceux qui ont pu deviner, pour ainsi dire, l'action expressive de certains muscles de la face, quoiqu'ils aient été privés de tout moyen d'expérimentation ou de contrôle. Toutefois les opinions qu'ils ont émises à cet égard ne sont que des assertions qui avaient besoin d'être démontrées par l'expérimentation directe.

On comprend aussi que ces observateurs ont dû commettre d'autant plus d'erreurs, qu'ils ont eu, sans qu'ils s'en doutassent, des illusions d'optique exercées par des mouvements limités à certains points de la face. Je vais bientôt démontrer, en effet, qu'à la vue des mouvements de certains muscles du sourcil, on éprouve une sorte de mirage qui fait croire à un état de contraction générale de la face.

Les *vivisections*, fussent-elles praticables sur l'homme, ne pourraient certes aider à résoudre le problème en question, car il faudrait, pour cela, sacrifier la peau sur laquelle se dessinent les signes du langage expressif de la physionomie.

C'est ici le lieu d'examiner la valeur du critérium, recommandé par Camper.

Selon ce célèbre observateur, les plis, les rides du visage, sont nécessairement perpendiculaires à la direction des muscles. S'ensuit-il donc que dans tout mouvement expressif on peut reconnaître les muscles en action par la direction des rides? En d'autres termes, étant donnée une ride produite par un mouvement expressif, le muscle qui croise la direction de cette ride se trouve-t-il nécessairement en contraction?

Telle semble être l'opinion de Camper; tel a été aussi le procédé employé après lui par les auteurs pour arriver à reconnaître les agents moteurs qui président à telle ou telle expression. Eh bien ! rien n'est plus incertain, ou plutôt rien n'est plus trompeur que ce moyen d'observation.

Pour le prouver, je vais me servir d'une comparaison. Si l'on exerce une traction verticale ou oblique, de bas en haut, sur un point de la surface du rideau, on voit, suivant la souplesse et l'ancienneté de l'étoffe, des plis se former dans des directions variées et quelquefois sur différents points de cette surface. De même, sous l'influence d'une simple traction exercée sur la peau de la face, on voit naître à sa surface des rides, des sillons, dans des directions diverses et dans des lieux plus ou moins éloignés les uns des autres; de plus, cette surface cutanée n'est pas unie; elle offre, à l'état de repos, des sillons et des reliefs dus à la prédominance tonique de tel ou tel muscle de cette région, prédominance qui varie à l'infini, selon l'âge du sujet et le jeu des passions habituelles, ce qui constitue la physionomie individuelle.

Eh bien! toute traction limitée à un point de la face modifie ces sillons et ces reliefs, soit en les exagérant, soit en les effaçant, soit en changeant leur direction.

Un exemple pour mieux développer ma pensée. Que l'on suppose une force agissant dans la direction de la commissure des lèvres, au côté externe de la pommette (comme le *grand zygomatique*); alors le sillon naso-labial se creuse, sa courbe devient sinueuse, et des rides rayonnantes apparaissent, dans la plupart des cas, au pourtour de l'angle externe de l'œil.

Voici comment on devrait expliquer ces mouvements, suivant cette assertion de Camper, à savoir : que les plis et les rides du visage sont nécessairement perpendiculaires à la direction des muscles. La commissure a été mise en mouvement par le *grand zygomatique;* le sillon naso-labial s'est creusé sous l'influence de *l'élévateur propre de la lèvre supérieure et du nez;* les rides rayonnantes voisines de l'angle externe de l'œil sont dues à l'action du *sphincter des paupières.* Je me réserve de démontrer expérimentalement que cette théorie est complétement erronée, et que le grand zygomatique seul produit toutes ces rides et tous ces sillons.

Ce que je viens de dire du grand zygomatique est applicable à la plupart des muscles expressifs de la face.

III.

ORIGINE DE MES RECHERCHES ÉLECTRO-PHYSIOLOGIQUES SUR LA PHYSIONOMIE EN MOUVEMENT.

Tout mouvement volontaire ou instinctif résulte de la contraction simultanée (synergique) d'un plus ou moins grand nombre de muscles. La nature n'a pas donné à l'homme le pouvoir de localiser l'action du fluide nerveux dans tel ou tel muscle, de manière à en provoquer la contraction isolée. Ce pouvoir, qui eût été sans utilité pour l'exercice de ses fonctions, l'aurait exposé à des accidents ou à des déformations, ainsi que je l'ai déjà démontré ailleurs (1).

(1) *De l'électrisation localisée et de son application à la physiologie, à la pathologie et à la thérapeutique.* Paris, 1855 ; 2ᵉ édit., 1861.

Puisqu'il ne jouit pas de la faculté de décomposer ses mouvements et d'analyser ainsi l'action individuelle de ses muscles, comment donc les analyser, comment arriver à connaître exactement l'action propre de ses muscles?

S'il était possible de maîtriser le courant électrique, cet agent qui a tant d'analogie avec le fluide nerveux, et d'en limiter l'action dans chacun des organes, on mettrait à coup sûr en lumière certaines de leurs propriétés locales. Alors, pour la face en particulier, avec quelle facilité on déterminerait l'action propre de ses muscles! Armé de rhéophores, on pourrait, comme la nature elle-même, peindre sur le visage de l'homme les lignes expressives des émotions de l'âme. Quelle source d'observations nouvelles!

Telle a été, il y a une douzaine d'années, l'idée mère de mes recherches électro-physiologiques, idée riche d'avenir qui enflamma mon imagination.

Ce n'est point ici le lieu de rapporter la longue série de travaux physiques et anatomiques par lesquels j'ai dû passer, et les difficultés que j'ai eu à surmonter avant d'arriver à la réalisation de mon idée. Après plusieurs années d'expériences, il m'a été possible d'arrêter à mon gré la puissance électrique à la surface du corps, et puis, lui faisant traverser la peau sans l'intéresser et sans l'exciser, de concentrer son action dans un muscle ou dans un faisceau musculaire, dans un tronc ou dans un filet nerveux.

C'est à l'étude de la face que je fis la première application de la méthode d'électrisation que je venais de créer. L'électrisation localisée m'a aidé à résoudre le problème, à la fois si difficile et si intéressant, qui fait le sujet du paragraphe précédent; elle m'a permis de voir se dessiner sous l'instrument les plus petites radiations des muscles. Leur contraction révèle leur direction et leur situation mieux que ne pourrait faire le scalpel de l'anatomiste; c'est du moins ce que l'on observe au visage, où l'on sacrifie inévitablement, dans la préparation anatomique, les portions terminales des fibres qui vont s'insérer à la face interne du derme.

C'est là une nouvelle sorte d'anatomie à laquelle on pourrait appliquer les deux mots par lesquels Haller voulait qu'on désignât la physiologie : c'est l'anatomie animée — *anatome animata*; — c'est ce que Sœmmerring eût sans doute appelé *contemplatio musculi vivi*.

De mes expériences électro-physiologiques, il ressortit bientôt des faits qui me parurent assez nouveaux pour me décider à présenter, dans le cours de l'année 1850, aux Académies des sciences et de médecine de Paris, une série de mémoires intitulés : *Fonctions des muscles de la face démontrées par l'électrisation localisée*. Ces travaux provoquèrent, en 1851, le brillant rapport du professeur Bérard, membre de l'Académie de médecine (1).

Il m'est permis d'affirmer que ce mode d'exploration électro-musculaire n'a pas été appliqué avant mes recherches expérimentales.

(1) Séance du 18 mars 1851 (*Bulletin de l'Académie de médecine*, t. XVI, p. 609).

Il n'est venu certes à l'idée de personne d'attribuer à un but d'étude de myologie ces expériences grossières d'un physicien qui, à l'origine de l'électricité, provoquait par des décharges électriques des convulsions sur des têtes de suppliciés.

On avait avancé que C. Bell et Sarlandière avaient essayé d'étudier l'action propre des muscles de la face au moyen de la galvanisation. Ces auteurs n'en disent rien dans leurs écrits; d'ailleurs, s'ils avaient employé ce mode d'exploration, ils n'auraient certainement pas commis les erreurs que j'ai à rectifier.

On reconnaîtra, j'espère, que l'honneur d'expliquer le mécanisme de la physionomie, cette espèce d'analyse anatomique des passions, était réservé à la méthode d'électrisation, qui seule permet de déterminer exactement l'action propre des muscles et de décomposer les mouvements.

Ces premières recherches n'étaient cependant et ne pouvaient être qu'une ébauche. Les faits électro-physiologiques que j'avais observés ne me rendaient pas complétement compte des mouvements physiologiques de la face. Et puis, quelle part fallait-il faire à chacun des muscles de la face pour l'influence qu'ils exercent sur le jeu de la physionomie? J'étais loin d'être bien fixé sur ces questions complexes et difficiles, je les avais à peine effleurées.

Aujourd'hui, appuyé sur une expérimentation longue et continue, je crois pouvoir livrer à la publicité mes recherches, qui, je l'espère, jetteront un grand jour sur ces études.

CHAPITRE II.

FAITS GÉNÉRAUX PRINCIPAUX QUI RESSORTENT DE MES EXPÉRIENCES ÉLECTRO-PHYSIOLOGIQUES.

Pour connaître et juger le degré d'influence exercée sur l'expression par les muscles de la face, j'ai provoqué la contraction de ces derniers à l'aide de courants électriques, au moment où la physionomie était au repos, où elle annonçait le calme intérieur; le regard du sujet était alors fixe et dirigé devant lui.

J'ai d'abord mis chacun des muscles partiellement en action, tantôt d'un seul côté, tantôt des deux côtés à la fois; puis, allant du simple au composé, j'ai essayé de combiner ces contractions musculaires partielles, en les variant autant que possible, c'est-à-dire en faisant contracter les muscles de noms différents, deux par deux, trois par trois.

Je vais exposer sommairement, dans les paragraphes suivants, les faits généraux principaux qui ont été mis en lumière par ces contractions partielles et par ces contractions combinées des muscles de la face.

I.

CONTRACTIONS PARTIELLES DES MUSCLES DE LA FACE.

L'étude expérimentale des contractions partielles des muscles de la face apprend qu'elles sont, ou *complétement expressives*, ou *incomplétement expressives*, ou *expressives complémentaires*, ou *inexpressives*.

A. — Contractions partielles complétement expressives.

Il est des muscles qui jouissent du privilège exclusif de peindre complétement, par leur action isolée, une expression qui leur est propre.

Au premier abord, cette assertion paraît paradoxale ; car, bien que l'on ait accordé à un petit nombre de muscles une influence spéciale sur la physionomie, on n'en a pas moins professé que toute expression exige le concours, la synergie d'autres muscles.

J'ai partagé, je l'avoue, cette opinion, que j'ai cru même un instant confirmée par l'expérimentation électro-physiologique.

Dès le début de mes recherches, en effet, j'avais remarqué que le mouvement partiel de l'un des muscles moteurs du sourcil produisait toujours une expression complète sur la face humaine. Il est, par exemple, un muscle qui représente la souffrance. Eh bien! sitôt que j'en provoquais la contraction électrique, non-seulement le sourcil prenait la forme qui caractérise cette expression de souffrance, mais les autres parties ou traits du visage, principalement la bouche et la ligne naso-labiale, semblaient également subir une modification profonde, pour s'harmoniser avec le sourcil, et peindre, comme lui, cet état pénible de l'âme.

Dans cette expérience, la région sourcilière seule avait été le siége d'une contraction très évidente, et je n'avais pu constater le plus léger mouvement sur les autres points de la face. Cependant j'étais forcé de convenir que cette modification générale des traits que l'on observait alors, paraissait être produite par la contraction synergique d'un plus ou moins grand nombre de muscles, quoique je n'en eusse excité qu'un seul. C'était aussi l'avis des personnes devant lesquelles je répétais mes expériences.

Quel était donc le mécanisme de ce mouvement général apparent de la face? était-il dû à une action réflexe? Quelle que fût l'explication de ce phénomène, il semblait en ressortir, pour tout le monde, que la localisation de l'électrisation musculaire n'était pas réalisable à la face.

Je n'attendais plus rien de ces expériences électro-physiologiques, lorsqu'un hasard heureux vint me révéler que j'avais été le jouet d'une illusion.

Un jour que j'excitais le muscle de la souffrance, et au moment où tous les traits paraissaient s'être contractés douloureusement, le sourcil et le front furent tout à coup masqués accidentellement (le voile de la personne sur laquelle je faisais cette expérience, s'était abaissé sur ses yeux). Quelle fut alors ma surprise en voyant que la partie inférieure du visage n'éprouvait plus la moindre apparence de contraction !

Je renouvelai plusieurs fois cette expérience, couvrant et découvrant alternativement le front et le sourcil ; je la répétai sur d'autres sujets, et même sur le cadavre encore irritable, et toujours elle donna des résultats identiques, c'est-à-dire que je remarquai sur la partie du visage placée au-dessous du sourcil la même immobilité complète des traits ; mais à l'instant où les sourcils et le front étaient découverts, de manière à laisser voir l'ensemble de la physionomie, les lignes expressives de la partie inférieure de la face semblaient s'animer douloureusement.

Ce fut un trait de lumière ; car il était de toute évidence que cette contraction apparente et générale de la face n'était qu'une illusion produite par l'influence des lignes du sourcil sur les autres traits du visage.

Il est certainement impossible de ne pas se laisser tromper par cette illusion, qui est, comme je l'ai dit précédemment, une espèce de mirage exercé par les mouvements partiels du sourcil, si l'expérimentation directe ne vient pas la dissiper.

Toute proposition qui blesse l'opinion générale ou qui ressemble à une hérésie physiologique, devrait être démontrée immédiatement. Il importerait donc de faire connaître maintenant les faits qui sont la preuve physique et complète des assertions précédentes ; mais il me faudrait alors intervertir l'ordre que je suis forcé de suivre dans l'exposition de mes recherches. Il convient seulement, dans ces considérations générales et préliminaires, de ne mettre en relief que les faits principaux qui donnent une idée de l'importance et du but de mes recherches expérimentales sur la physionomie en mouvement.

En vertu de quelle loi un mouvement circonscrit dans un point de la partie supérieure de la face peut-il imprimer, en apparence, une telle modification aux autres traits de cette région ?

C'est ici le lieu de comparer à ce phénomène les effets d'illusion exercés sur l'organe visuel par le rapprochement de certaines teintes. M. Chevreul, directeur de la manufacture des Gobelins, et membre de l'Institut, a publié sur ce sujet un ouvrage d'un très grand mérite, et surtout d'une grande utilité dans la pratique de la peinture (1). Ce savant a démontré que des couleurs, et même seulement des nuances placées les unes à côté des autres, se modifient tellement et de telle manière, que l'œil les voit tout autres qu'elles ne sont en réalité. Mettez, par exemple, une couche de couleur orangée à côté d'une teinte grise : si le gris est bleuâtre, il paraîtra bien pâle ; s'il tire sur le jaune, il paraîtra verdâtre.

(1) *Traité du contraste simultané des couleurs.*

Cette espèce d'illusion d'optique exercée par le contraste simultané de couleurs échappe à toute espèce d'explication scientifique. Il en est de même de cette sorte de mirage que nous font éprouver certains mouvements circonscrits de la face.

Quoi qu'il en soit, l'utilité de l'illusion produite par certains traits de visage ne saurait être méconnue. En voici, je crois, les principaux avantages :

1° Si pour peindre chaque passion ou chaque sentiment, il eût été nécessaire de mettre tous les muscles simultanément en jeu, afin de modifier les traits de la face d'une manière générale, l'action nerveuse eût été beaucoup plus compliquée.

2° Les traits qui représentent l'image d'une passion étant réduits à un muscle ou à un petit nombre, et dans un point limité de la face, leur signification devenait plus facile à saisir.

3° Ces traits, quoique circonscrits, devaient impressionner davantage en exerçant une influence générale ; mais les passions à exprimer étant assez nombreuses, il ne fallait pas trop multiplier les contractions des muscles qui servent à en tracer les signes et dont le nombre est limité.

Reconnaissons ici que l'ingénieux artifice employé par la nature pour arriver à ses fins est digne de notre admiration. Si, en effet, à la vue d'un mouvement aussi limité et qui nous fait reconnaître l'image parfaite d'une émotion, il nous semble que la face s'est modifiée d'une manière générale, si nous subissons de telles illusions, c'est uniquement en vertu de notre organisation, en vertu d'une faculté que nous possédons en naissant.

B. — Contractions partielles incomplétement expressives.

Parmi les muscles qui sont situés au-dessous du sourcil, il en est qui, de même que ceux de l'ordre précédent, jouissent d'une expression propre, et réagissent d'une manière générale sur la physionomie; mais alors cette expression est incomplète.

Ces muscles sont éminemment expressifs; leur action individuelle trahit un mouvement particulier de l'âme; chacun d'eux, en un mot, est le représentant unique d'une émotion. Qu'on les mette en effet successivement en jeu, et l'on verra tour à tour apparaître les lignes expressives de la joie, depuis le simple contentement jusqu'au rire fou, de la tristesse, du chagrin, du pleurer, etc.

C'est la première impression que l'on reçoit toujours, à la vue de ces contractions partielles; néanmoins on ne tarde pas à sentir que l'expression n'est pas naturelle, qu'elle est comme factice, qui lui manque enfin quelque chose.

Quel est donc le trait qui fait alors défaut et qui devrait compléter l'expression? C'est ce qu'il n'est pas toujours facile de trouver, si j'en juge toutefois par les opinions que j'ai entendu émettre par les personnes qui assistaient à mes expériences.

L'expérimentation m'a quelquefois appris quels muscles doivent alors entrer synergiquement en contraction pour compléter l'expression. Je reviendrai bientôt sur ce sujet important.

C. — Contractions partielles expressives complémentaires.

Isolément, quelques muscles situés au-dessous du sourcil n'expriment absolument rien par eux-mêmes, quoiqu'ils acquièrent la propriété de représenter spécialement des passions en se combinant avec d'autres muscles, et qu'ils soient destinés à venir en aide à certaines expressions, soit pour les compléter, soit pour leur imprimer un autre caractère.

J'en citerai un exemple. Il est un muscle qui attire obliquement en bas et en dehors tous les téguments de la partie inférieure de la face, et gonfle la moitié antérieure du cou, sans tracer le moindre signe physionomique qui décèle une expression quelconque. Ce muscle produit seulement une déformation des traits. Mais, dès l'instant que l'on marie l'action de ce muscle avec celle de tel ou tel autre, on fait apparaître à volonté sur la figure, et avec une vérité saisissante, l'image des passions les plus violentes : la frayeur, l'épouvante, l'effroi, la torture, etc.

B. — Contractions partielles inexpressives.

Il n'est pas un seul des muscles de la face qui ne soit mis synergiquement en action par une passion; mais quelques-uns d'entre eux (en très petit nombre) ne produisent aucune ligne expressive apparente, bien que leur contraction partielle produise un mouvement très appréciable. Au point de vue physionomique, ces muscles doivent donc être considérés comme inexpressifs.

II.
CONTRACTIONS COMBINÉES DES MUSCLES DE LA FACE.

Les combinaisons musculaires de la face s'obtiennent en excitant simultanément plusieurs muscles de noms différents, d'un côté ou des deux côtés à la fois. Ces contractions combinées sont, ou *expressives*, ou *inexpressives*, ou *expressives discordantes*.

A. — Contractions combinées expressives.

L'étude expérimentale des contractions musculaires partielles de la face m'a révélé, ainsi que cela ressort des considérations exposées dans le paragraphe précédent, l'origine d'un grand nombre d'expressions physionomiques. Quelques-unes de ces expressions originelles, on l'a vu, sont parfaitement dessinées par les contractions partielles de certains muscles, tandis que d'autres expressions originelles, qui individuellement sont aussi représentées spécialement par un muscle, ont besoin cependant, pour être complètes, du concours d'un ou de plusieurs autres muscles.

J'ai fait contracter tour à tour chacun des muscles de la face, conjointement avec les muscles incomplètement expressifs. Ces combinaisons musculaires m'ont fait connaître les muscles complémentaires de ces derniers; elles m'ont appris qu'un muscle expressif complémentaire ne peut être suppléé par aucun autre muscle, et qu'il est toujours l'auxiliaire nécessaire de tel ou tel muscle incomplètement expressif. Elles m'ont enseigné enfin que, pour le mécanisme de l'expression de la physionomie, la nature procède, comme toujours, avec simplicité. Il est rare, en effet, que, dans ces combinaisons musculaires expressives, il m'ait fallu mettre plus de deux muscles simultanément en action, lorsque j'ai voulu reproduire d'une manière complète une des expressions que l'homme a la faculté de peindre sur sa face.

Les expressions originelles de la face (qu'elles aient été produites par des contractions partielles complétement expressives, ou par la combinaison des muscles incomplétement expressifs avec les muscles expressifs complémentaires) sont primordiales; car elles peuvent, en s'associant, produire un ensemble harmonieux et donner naissance à d'autres expressions dont la signification est plus étendue, à des expressions *complexes*.

Un exemple pour expliquer ma pensée. L'attention qui est produite par la contraction partielle du *frontal*, et la joie qui est due à la synergie du *grand zygomatique* et de l'*orbiculaire inférieur* (l'un des muscles moteurs de la paupière inférieure), sont des expressions primordiales. Vient-on à les marier ensemble, la physionomie annoncera que l'âme est sous la vive impression d'une heureuse nouvelle, d'un bonheur inattendu : c'est une expression complexe. Si à ces deux expressions primordiales on joint celle de la lasciveté ou de la lubricité, en faisant contracter synergiquement avec les muscles précédents le *transverse du nez*, les traits sensuels propres à cette dernière passion montreront le caractère spécial de l'attention attirée par une cause qui excite la lubricité, et peindront parfaitement, par exemple, la situation des vieillards impudiques de la chaste Suzanne.

On voit donc, par cet exemple, que la combinaison des expressions primordiales produit des expressions plus ou moins complexes, et que dans leur progression elles se complètent par l'apparition successive des lignes propres à chaque expression primordiale.

Est-il besoin de dire enfin que les combinaisons des expressions primordiales ne donnent origine à des expressions parfaites qu'à la condition d'être faites conformément aux lois de la nature ?

B. — Contractions combinées inexpressives.

Il est rationnel de penser que les muscles qui sont les représentants directs de passions contraires ne peuvent sympathiser ensemble, et que leur action combinée ne doit produire que des contractions inexpressives. En effet, il ne m'a pas été possible, en général, d'obtenir un ensemble naturel, harmonieux, de la réunion de deux expressions qui répondaient à des passions ou à des affections opposées, surtout lorsqu'elles étaient très accentuées. Non-seulement alors la physionomie était plus ou moins grimaçante, mais encore elle laissait l'esprit du spectateur dans une grande incertitude sur sa signification réelle.

Ainsi l'association des mouvements qui sont propres à l'expression de la joie et de la douleur donne une physionomie étrange, qui s'éloigne d'autant plus de la vérité que ces mouvements expressifs sont plus énergiques. Il en est de même d'autres expressions contraires, dont l'union artificiellement provoquée fausse la physionomie, au point qu'il est difficile, quelquefois même impossible de l'interpréter d'une manière quelconque.

Il arrive souvent, dans ces expériences délicates, que l'excitateur rencontre un nerf qui anime un plus ou moins grand nombre de muscles. La contraction en masse qui en résulte ne produit jamais qu'une grimace qui ne rappelle aucune expression. Cette contraction en masse ressemble aux spasmes convulsifs que l'on observe dans une affection nerveuse connue sous le nom de *tic indolent de la face.*

C. — **Contractions combinées expressives discordantes.**

Il ne faudrait pas conclure des faits précédents qu'il y a toujours antagonisme absolu entre les expressions primordiales contraires.

J'ai vu en effet les lignes qui trahissent la joie s'associer merveilleusement à celles de la douleur, pourvu que le mouvement fût modéré ; je reconnaissais alors l'image du sourire mélancolique. C'était un éclair de contentement, de joie, qui ne pouvait cependant dissiper les traces d'une douleur récente ou les signes d'un chagrin habituel : ainsi je me représente une mère souriant à son enfant au moment où elle pleure la perte d'un être chéri, d'un époux.

Le mouvement du sourire n'indique pas seulement un contentement intérieur, il annonce aussi la bienveillance, cette heureuse disposition de l'âme qui fait compatir aux peines d'autrui quelquefois jusqu'à l'attendrissement. Unit-on, par exemple, le sourire au pleurer modéré, et encore mieux à la contraction légère du muscle de la souffrance, on obtient une admirable expression de compassion, une expression des plus sympathiques.

Ces contractions composées, au fond, par des expressions contraires, et qui peignent un sentiment pour ainsi dire forcé, je les appellerai *contractions combinées expressives discordantes.*

III.

DE LA SYNERGIE MUSCULAIRE DES MOUVEMENTS EXPRESSIFS DE LA FACE.

Les faits exposés dans les deux paragraphes précédents donnent lieu à une remarque qui, sans doute, n'échappe à personne : c'est que la synergie musculaire qui produit les mouvements physiologiques des membres et du tronc n'est nullement comparable à celle des mouvements expressifs de la face. Cette proposition exige quelques développements.

Il n'est pas un mouvement physiologique du tronc ou des membres qui ne soit le résultat de la contraction synergique d'un plus ou moins grand nombre de muscles. Ainsi l'élévation volontaire du bras (de l'humérus) est produite par la contraction d'un muscle (le deltoïde); nous le sentons durcir sous notre main pendant ce mouvement, et nous croyons qu'il est alors le seul qui entre en action, parce que nous n'avons pas la conscience d'autres contractions musculaires. Il n'en est cependant pas ainsi; car, si l'on fait contracter le deltoïde partiellement, à l'aide d'un courant électrique, on voit le scapulum se détacher du tronc, à la manière d'une aile. J'ai expliqué ailleurs le mécanisme de cette difformité (1). Je rappellerai seulement que, pour l'empêcher, la nature fait entrer synergiquement en action, pendant la contraction

---

(1) *Électrisation localisée appliquée à la physiologie, à la pathologie et à la thérapeutique*, 2ᵉ partie, chap. II, art. 4 et 5, 1ʳᵉ édit.

volontaire du deltoïde, un autre muscle (le grand dentelé), qui fixe puissamment le bord spinal du scapulum contre le thorax, sans que nous ayons la conscience de ce mouvement et sans qu'il nous soit donné de l'empêcher.

Je pourrais choisir bien d'autres exemples aussi probants, surtout parmi les mouvements synergiques de la main et du pied, mouvements qui sont des merveilles de combinaisons mécaniques.

Ces contractions synergiques sont nécessitées par les lois de la mécanique. Tout le monde le comprend; il serait inutile de développer cette proposition, qui, au besoin, est démontrée par l'observation pathologique. J'ai d'ailleurs longuement étudié cette importante question (1). Est-il nécessaire de dire que les mêmes raisons d'équilibre n'existent pas pour les mouvements expressifs de la face ?

Le Créateur n'a donc pas eu à se préoccuper ici des besoins de la mécanique; il a pu, selon sa sagesse, ou — que l'on me pardonne cette manière de parler — par une divine fantaisie, mettre en action tel ou tel muscle, un seul ou plusieurs muscles à la fois, lorsqu'il a voulu que les signes caractéristiques des passions, même les plus fugaces, fussent écrits passagèrement sur la face de l'homme. Ce langage de la physionomie une fois créé, il lui a suffi, pour le rendre universel et immuable, de donner à tout être humain la faculté instinctive d'exprimer toujours ses sentiments par la contraction des mêmes muscles.

(1) *Loc. cit.*, 2ᵉ partie.

Il était certainement possible de doubler le nombre des signes expressifs de la physionomie; il fallait, pour cela, que chaque sentiment ne mît en jeu qu'un seul côté de la face, ainsi qu'on me le voit faire dans mes expériences. Mais on sent combien un tel langage eût été disgracieux; c'est probablement dans le but de le rendre harmonieux que la nature a mis au service de chaque passion les muscles homologues (de même nom), en nous privant de la faculté de les faire jouer isolément.

CHAPITRE III.

CERTITUDE DE CES RECHERCHES.

Il importe de prévenir quelques objections qui, si elles étaient fondées, diminueraient et annuleraient même la valeur de mes expériences.

Ce n'est point pour me donner le plaisir de les réfuter que je soulève ces objections, elles m'ont été faites sérieusement.

La sensibilité de la face est telle, que l'on ne peut épargner aux sujets soumis à ce genre d'expériences une sensation désagréable et quelquefois un peu douloureuse. Or cette sensation peut occasionner des mouvements involontaires. Comment distinguer alors ces derniers mouvements de ceux qui appartiennent à l'action propre du muscle excité?

En général, ces mouvements involontaires n'ont lieu qu'à la première application des rhéophores, et ne se reproduisent plus chez les individus habitués à la sensation électrique. D'ailleurs, on verra par la suite que, dans le but de dissiper les doutes qui pourraient surgir de cette objection, j'ai choisi, pour sujet principal de mes expériences, un homme chez lequel la sensibilité de la face était peu développée; et enfin ces mêmes expériences, répétées sur le cadavre encore irritable, ont donné des résultats parfaitement identiques.

La contraction partielle d'un muscle qui préside à une expression ne pourrait-elle pas réagir sur l'âme, et produire sympathiquement une impression intérieure qui provoquerait d'autres contractions involontaires? La face, par exemple, met toujours en mouvement deux muscles, dont l'un dessine les lignes fondamentales d'un sentiment, tandis que l'autre en complète l'expression (c'est ce que je me réserve de démontrer en temps opportun). Eh bien ! l'excitation artificielle du premier muscle ne fait-elle pas naître une impression intérieure, et cette impression ne provoque-t-elle pas, à son tour, la contraction du second muscle ? C'est ce qu'on appellerait un phénomène sympathique en physiologie. Il en résulterait que l'on ne pourrait mettre un muscle expressif isolément en contraction, sans provoquer l'action synergique d'autres muscles, satellites habituels de la passion dont il est le principal représentant.

Cet argument, comme le précédent, est assez spécieux ; il tombe cependant en présence des nombreuses expériences que j'ai faites sur des sujets récemment morts, chez lesquels la contraction des muscles de la face a produit des mouvements expressifs, absolument semblables à ceux que l'on observe chez les vivants.

On a même été jusqu'à admettre la possibilité de contractions dites réflexes, provoquées par toute excitation périphérique, de telle sorte que l'électrisation musculaire localisée ne serait qu'une illusion.

Il n'est peut-être pas inutile de rappeler ici une des conditions dans lesquelles se produit le phénomène appelé contraction musculaire réflexe. Lorsqu'on pique une des extrémités d'un animal dont la tête vient d'être séparée du tronc, on observe des mouvements qui produisent la flexion des différents segments du membre excité les uns sur les autres. C'est cette stimulation périphérique qui remonte par les nerfs sensibles jusqu'à un point de la moelle correspondant à l'origine des nerfs moteurs du membre excité, de manière à réagir sur certains muscles qui alors entrent en contraction. On voit donc que ces contractions, auxquelles la volonté reste entièrement étrangère, et qui se produisent dans la région dont on excite la sensibilité, ont évidemment lieu en vertu d'une action justement appelée réflexe.

Ne se pourrait-il pas (me disait-on) *que l'expression qui se produit pendant l'excitation électrique d'un muscle quelconque fût le résultat d'un ensemble de contractions réflexes analogues à celles dont il vient d'être question, et non le produit d'une contraction musculaire partielle ?* Je compris que cette objection jetait un grand doute sur la valeur de mes recherches électro-physiologiques, pour ce qui a trait à l'action propre des muscles non-seulement de la face, mais aussi des membres. Elle fut bientôt réfutée par de nombreuses expériences que j'ai longuement exposées ailleurs (1), et que je ne ferai que résumer ici.

J'ai démontré que ce phénomène réflexe qui se développe dans certaines conditions pathologiques (de maladie) ne pouvait se produire à l'état normal. J'ai fait en outre contracter

---

(1) *Loc. cit.*, 1ʳᵉ édit., 1855, p. 30, et 2ᵉ édit., 1862, p. 34.

isolément des muscles humains, mis à nu sur certains membres nouvellement amputés, et j'ai prouvé que les mouvements étaient absolument les mêmes que lorsque j'excitais les muscles homologues des membres non séparés du tronc. J'ai fait aussi des expériences sur les animaux dont j'excitai les muscles de la face, et les mouvements ont été absolument identiques, que la tête fût ou non séparée du tronc.

De l'ensemble de ces faits, il ressort donc évidemment que, dans mes expériences faites sur des sujets sains, l'électrisation musculaire localisée ne provoque pas de contractions réflexes qui viennent compliquer l'action musculaire partielle.

CHAPITRE IV.

UTILITÉ DE CES RECHERCHES.

Personne, assurément, ne contestera la nouveauté des faits qui ressortent de mes expériences électro-physiologiques sur l'expression de la physionomie. Je vais essayer d'en démontrer aussi brièvement que possible l'utilité, au point de vue anatomique, physiologique et psychologique, et indiquer les heureuses applications que l'on peut en faire à l'étude des beaux-arts.

I.

AU POINT DE VUE DE L'APPLICATION A L'ANATOMIE ET A LA PHYSIOLOGIE.

A. La plupart des muscles de la face semblent se continuer les uns dans les autres, surtout lorsqu'on les étudie par leur face interne. M. le professeur Cruveilhier a eu l'obligeance de me montrer des figures dessinées d'après des préparations anatomiques qu'il avait faites dans le but d'étudier les muscles par leur face postérieure, après avoir détaché des os, en masse, les parties molles du visage. On voit, dans ces préparations, que toutes les fibres musculaires semblent se continuer les unes dans les autres, à tel point qu'on ne saurait assigner les limites exactes du plus grand nombre des muscles de la face.

Si cette continuité fibrillaire des muscles de la face était réelle, leur indépendance serait très compromise, sinon annulée. Comment concevoir, en effet, qu'un muscle puisse se contracter dans une portion de sa longueur ou de sa continuité? Et, dans ce cas, où placerait on le point fixe? En un mot, avec cette doctrine de la continuité fibrillaire (1) qui convertit, pour ainsi dire, en un masque tous les muscles de la face, on ne peut s'expliquer le mécanisme de cette foule de petits mouvements indépendants, qui écrivent sur la figure les impressions si nombreuses de l'âme en caractères toujours identiques.

L'anatomie morte, dont la principale mission est de nous guider dans nos recherches sur les mystères de la vie, en nous aidant à connaître les fonctions des organes, semblait au contraire s'attacher ici à nous égarer. Il était réservé à l'exploration électro-musculaire, véritable anatomie vivante, de démontrer que cette continuité fibrillaire n'est qu'une illusion.

Sans anticiper sur ce que j'ai à exposer par la suite, je puis dire déjà que, par ce moyen, j'ai découvert les limites

---

(1) Cette doctrine de la continuité fibrillaire reconnaît pour chef Bellingeri, célèbre anatomiste italien.

de quelques muscles que l'on croyait se continuer les uns dans les autres, ce qui, depuis lors, a été confirmé pour un muscle (le pyramidal du nez) à l'aide du scalpel.

B. L'électro-physiologie démontre l'existence, à la face, de muscles qui ne sont ni classés ni dénommés. J'en vais citer plusieurs exemples.

Un rhéophore, placé sur l'aile du nez, dilate la narine comme le fait la nature dans les grandes émotions. L'anatomie morte en est encore à trouver un muscle qui puisse expliquer ce mouvement : elle va même jusqu'à nier l'existence de fibres musculaires dans l'aile du nez (1). J'espère pouvoir montrer que ce muscle a été confondu avec un autre muscle connu sous le nom de *myrtiforme*, composé lui-même de plusieurs muscles dont les fonctions sont opposées.

L'anatomie morte a confondu dans une même dénomination des muscles qui possèdent une action indépendante, sous l'influence de l'excitation électrique, comme pour les mouvements volontaires et instinctifs, des muscles enfin qui sont destinés à des fonctions essentiellement différentes.

Dans le muscle dit *sphincter des paupières*, par exemple, dont on a fait un seul muscle, on trouve quatre muscles indépendants qui président à des expressions diverses.

Il est évident pour tout le monde que la physiologie doit

---

(1) Voy. Sappey, *Traité d'anatomie descriptive*, p. 627.

commander l'anatomie, et que, sous prétexte de simplifier les études classiques, on aurait tort de continuer à embrouiller ainsi la science de la vie, et surtout l'étude de l'expression de la physionomie.

Mes recherches expérimentales redresseront aussi les erreurs physiologiques que l'on avait commises en attribuant à des muscles des mouvements auxquels ils étaient étrangers, et en méconnaissant ceux qui leur appartenaient. Il en était résulté qu'on s'était également trompé sur le rôle qu'ils jouent dans l'expression.

C'est ainsi que l'on faisait concourir le petit zygomatique au mouvement de la joie, tandis que l'expérimentation fait voir qu'il est le seul représentant du chagrin, du pleurer modéré.

C'est ainsi que le peaucier, qui jusqu'ici a été oublié ou mal étudié comme muscle expressif, concourt spécialement à peindre avec une vérité saisissante les mouvements les plus violents de l'âme : la terreur, la colère, la torture, etc.

J'en pourrais dire autant de quelques autres muscles presque méconnus, de ceux principalement qui meuvent le sourcil, et qui jouent le rôle le plus important dans l'expression de la physionomie en mouvement, comme on le verra bientôt.

II.

AU POINT DE VUE DE L'APPLICATION A LA PSYCHOLOGIE.

La physiologie musculaire de la face humaine est intimement liée à la psychologie ; on ne saurait certes le nier, lorsqu'on me voit, pour ainsi dire, appeler successivement sur la face du cadavre l'image fidèle de la plupart des passions dénombrées et classées par les philosophes.

C'est ce que je vais démontrer dans les considérations suivantes :

A. — Dénombrement des muscles expressifs et des expressions obtenues dans mes expériences électro-physiologiques.

a. Il est démontré par les faits exposés précédemment (article II) qu'il existe une sorte de hiérarchie pour les muscles expressifs de la face humaine, c'est-à-dire que ceux-ci n'ont pas tous le même degré d'importance dans le jeu de la physionomie.

On peut en effet ranger dans un premier ordre les muscles qui, en se contractant partiellement, possèdent le privilége d'exprimer, de la manière la plus complète, des passions ou des états divers de l'esprit.

Un deuxième ordre se compose des muscles qui, de même que ceux du premier ordre, dessinent les lignes expressives d'une passion dont ils sont les uniques représentants, mais qu'ils ne sauraient peindre complétement.

Dans un troisième ordre, enfin, on trouve les muscles qui sont destinés, en s'associant avec d'autres muscles, à exprimer spécialement certaines passions ou à les compléter, bien que, partiellement, ils soient inexpressifs.

Voici, dans la table synoptique suivante, la liste de ces muscles expressifs, rangés d'après ces différents ordres :

TABLE SYNOPTIQUE.

1° Muscles complétement expressifs.

FRONTAL . . . . Muscle de l'attention.
ORBICULAIRE PALPÉBRAL SUPÉRIEUR . . . . Muscle de la réflexion.
SOURCILIER . . . . Muscle de la douleur.
PYRAMIDAL DU NEZ . . . . Muscle de l'agression.

2° Muscles incomplétement expressifs et expressifs complémentaires.

GRAND ZYGOMATIQUE. . . . . . . Muscle de la joie.
PETIT ZYGOMATIQUE. . . . . . . Muscle du pleurer modéré.
ÉLÉVATEUR PROPRE DE LA LÈVRE SUPÉRIEURE. . . . . Muscle du pleurer.
ÉLÉVATEUR COMMUN DE L'AILE DU NEZ ET DE LA LÈVRE SUPÉRIEURE. . . . . Muscle du pleurer à chaudes larmes
TRANSVERSE DU NEZ . . . . Muscle de la lubricité.
BUCCINATEUR . . . . Muscle de l'ironie.

Triangulaire des lèvres....	Muscle de la tristesse, du dégoût, et complémentaire des expressions agressives.
Muscle de la houppe du menton.	Muscle du dédain et du doute.
Peaucier............	Muscle de la frayeur, de l'effroi, de la torture, et complémentaire de la colère.
Carré du menton.........	Muscle complémentaire de l'ironie et des passions agressives.
Dilatateur des narines.....	Muscle complémentaire des passions violentes.
Masséter............	Muscle complémentaire de la colère, de la fureur.
Palpébraux...........	Muscle du mépris et complémentaire du pleurer.
Orbiculaire palpébral, inférieur............	Muscle de la bienveillance et complémentaire de la joie franche.
Fibres excentriques de l'orbiculaire des lèvres.......	Muscle complémentaire du doute et du dédain.
Fibres concentriques de l'orbiculaire des lèvres......	Muscle complémentaire des passions agressives ou méchantes.
Regard en haut.........	Mouvement complémentaire du souvenir.
Regard oblique en haut et latéralement...........	Mouvement complémentaire de l'extase et du délire sensuel.
Regard oblique en bas et latéralement...........	Mouvement complémentaire de la défiance ou de la frayeur.
Regard en bas..........	Mouvement complémentaire de la tristesse, de l'humilité.

On pourrait former un dernier ordre avec les muscles qui, sans aucun doute, sont mis en action par quelques passions, mais qui ne produisent sur la physionomie aucune ligne expressive apparente : ce sont les muscles auriculaires et les muscles du pavillon.

Je rangerai aussi dans cet ordre un muscle qu'il ne m'a pas été possible de faire contracter partiellement, et dont je ne puis en conséquence décrire exactement l'action propre : c'est le muscle canin.

b. Il est également ressorti des faits électro-physiologiques et des considérations exposées précédemment que les expressions peuvent être partagées en deux classes : en expressions primordiales et en expressions complexes.

Les expressions primordiales sont produites par les contractions partielles des muscles complétement expressifs ou par la combinaison des muscles incomplétement expressifs avec des muscles expressifs complémentaires.

Les expressions complexes résultent de l'association des expressions primordiales.

Je vais exposer le dénombrement des expressions primordiales et des expressions complexes que j'ai pu obtenir par l'expérimentation électro-physiologique.

TABLEAU SYNOPTIQUE.

EXPRESSIONS PRIMORDIALES.	MUSCLES QUI LES PRODUISENT.
1° Par la contraction partielle des muscles complétement expressifs.	
ATTENTION.	Frontal.
RÉFLEXION.	Orbiculaire palpébral supérieur (portion du muscle dit sphincter des paupières); contraction modérée.
MÉDITATION.	Même muscle; contraction forte.
CONTENTION.	Même muscle; contraction très forte.
DOULEUR.	Sourcilier.
AGRESSION, méchanceté.	Pyramidal du nez.
2° Par la contraction combinée des muscles incomplétement expressifs et des muscles expressifs complémentaires.	
PLEURER à chaudes larmes.	Élévateur commun de l'aile du nez et de la lèvre supérieure, palpébraux.
PLEURER modéré.	Petit zygomatique et palpébraux.
JOIE.	Grand zygomatique et orbiculaire palpébral inférieur; contraction modérée.
RIRE.	Mêmes muscles et palpébraux.
JOIE FAUSSE, sourire menteur.	Grand zygomatique seul.
IRONIE, rire ironique.	Buccinateur, carré du menton.
TRISTESSE, abattement.	Triangulaire des lèvres; constricteur des narines et abaissement du regard.
DÉDAIN, DÉGOUT.	Houppe du menton, triangulaire des lèvres et palpébraux.
DOUTE.	Houppe du menton, fibres excentriques de l'orbiculaire des lèvres, soit de la moitié inférieure, soit des deux moitiés à la fois, et frontal.
MÉPRIS.	Palpébraux, carré du menton, transverse du nez, et élévateur commun de l'aile du nez et de la lèvre supérieure.

TABLEAU SYNOPTIQUE.

EXPRESSIONS COMPLEXES PAR LA COMBINAISON des EXPRESSIONS PRIMORDIALES.	MUSCLES QUI LES PRODUISENT.
Surprise.........	Frontal et abaisseurs de la mâchoire inférieure, à un degré modéré de contraction.
Étonnement.......	Même combinaison musculaire et abaisseurs de la mâchoire inférieure, à un plus haut degré de contraction.
Stupéfaction.....	Même combinaison musculaire, au maximum de contraction.
Admiration, surprise agréable.......	Muscles de l'étonnement associés à ceux de la joie.
Frayeur.........	Frontal et peaucier.
Effroi..........	Frontal, peaucier et abaisseurs de la mâchoire inférieure, au maximum de contraction.
Effroi avec douleur, torture........	Sourcilier, peaucier et abaisseurs de la mâchoire inférieure.
Colère concentrée..	Orbiculaire palpébral supérieur, masséter, buccinateur, carré de la lèvre inférieure et peaucier.
Colère féroce avec emportement....	Pyramidal du nez, peaucier et abaissement du maxillaire inférieur, au maximum de contraction.
Réflexion triste....	Orbiculaire palpébral supérieur et triangulaire des lèvres.
Réflexion agréable..	Orbiculaire palpébral supérieur et grand zygomatique.
Joie féroce......	Pyramidal du nez, grand zygomatique et carré du menton.
Plaisir lubrique..	Transverse du nez et grand zygomatique.

EXPRESSIONS COMPLEXES PAR LA COMBINAISON des EXPRESSIONS PRIMORDIALES.	MUSCLES QUI LES PRODUISENT.
Délire sensuel....	Mêmes muscles que ci-dessus, regard tourné en haut et latéralement, et spasme des paupières, dont la supérieure recouvre une partie de l'iris.
Extase.........	Même combinaison musculaire que dans le délire lubrique, mais sans transverse du nez.
Grande douleur avec larmes, affliction..	Sourcilier et petit zygomatique.
Douleur avec abattement, désespoir...	Sourcilier et triangulaire des lèvres.

On remarque, dans le tableau précédent, qu'en général plus les muscles de la face sont situés supérieurement, plus leur pouvoir expressif est grand, complet, lorsqu'ils se contractent partiellement.

On voit aussi que ces muscles ne sont pas seulement destinés à représenter l'image des passions, des sentiments et des affections; que certains actes de l'entendement peuvent même se réfléchir sur la face : c'est ainsi, par exemple, que s'écrivent avec la plus grande facilité sur la physionomie de l'homme, — et cela seulement par la contraction partielle de l'un des muscles moteurs du sourcil ! — la réflexion, le plus important, le plus noble état de l'esprit, celui qui paraît le plus abstrait, et la méditation, qui est la mère des grandes conceptions, qui, chez certains hommes, est, pour ainsi dire, la passion dominante.

Je n'ai classé dans le tableau ci-dessus que les expressions qui ont pu être obtenues artificiellement, et fixées, pour la plupart, à l'aide de la photographie. J'en pourrai certainement augmenter le nombre par la suite, en produisant les nuances ou les degrés de ces expressions principales.

Quoi qu'il en soit, on trouvera sans doute que les expressions qu'il m'a été possible d'analyser par l'expérimentation électro-physique sont déjà assez nombreuses.

Il n'est pas donné à l'homme d'exprimer toutes ses passions sur sa physionomie, surtout si l'on considère comme autant de passions différentes toutes celles qui ont été dénommées et classées arbitrairement par les philosophes (1).

---

(1) Rien de plus varié, selon M. Lélut, de plus multiple, de plus complexe, de plus difficile à saisir sous la diversité des désignations, que les passions. « Qu'on se reporte, dit-il, à cet égard, à la liste suivante, dont les éléments, nous n'avons pas besoin de le dire, sont empruntés aux meilleures sources, à Platon, à Aristote, à Cicéron, à Descartes, à Hobbes, etc., liste qui eût pu être encore plus longue, et que nous avons laissée tout d'abord dans le pêle-mêle de l'ordre alphabétique.

Admiration (la première des passions, d'après Descartes).	Abjection.	Désespoir.
	Bassesse.	Deuil.
	Colère.	Défiance.
Amour-propre.	Cupidité.	Dureté (agression).
Amour.	Chagrin.	Discorde.
Avidité.	Crainte.	Douleur.
Angoisse.	Courage.	Désir.
Avarice.	Curiosité.	Dédain.
Allégresse.	Charité.	Désolation.
Audace.	Confiance.	Dégoût.

On ne m'accusera pas de les avoir dénombrées arbitrairement, car elles sont la reproduction de celles que l'âme elle-même peint sur la face de l'homme. Un jour peut-être ces études électro-physiologiques sur les différents modes d'expression de la physionomie humaine serviront à la formation d'une bonne classification fondée sur l'observation de la nature.

B. — Physionomie en mouvement.

L'étude de la physionomie en mouvement est cette partie de la psychologie qui traite des différentes manières dont l'homme manifeste ses émotions par les mouvements de sa face.

Estime.
Espérance.
Émulation.
Enthousiasme.
Épouvante.
Envie.
Emportement.
Effroi.
Ennui.
Faveur.
Fureur.
Générosité.
Gloire.
Grandeur d'âme.
Gourmandise.
Gloutonnerie.
Humilité.
Haine.

Hardiesse.
Honte.
Indignation.
Irrésolution.
Inimitié.
Ivrognerie.
Jalousie.
Joie.
Lâcheté.
Luxure.
Lamentation.
Mépris.
Moquerie.
Malignité.
Orgueil.
Pitié.
Pleurs.
Pusillanimité.

Remords.
Repentir.
Reconnaissance.
Regret.
Rire.
Sécurité.
Satisfaction de soi-même.
Saisissement.
Souci.
Sensualité.
Témérité.
Tristesse.
Timidité.
Vénération.
Vanité.
Vengeance.

Si l'homme possède le don de révéler ses passions par cette sorte de transfiguration de l'âme, ne doit-il pas également jouir de la faculté de comprendre les expressions extrêmement variées qui viennent se peindre successivement sur la face de ses semblables? Quelle serait donc l'utilité d'un langage qui ne serait pas compris? Exprimer et sentir les signes de la physionomie en mouvement me semblent des facultés inséparables que l'homme doit posséder en naissant. L'éducation et la civilisation ne font que les développer ou les modérer.

C'est la réunion de ces deux facultés qui fait du jeu de la physionomie un langage universel. Pour être universel, ce langage devait se composer toujours des mêmes signes, ou, en d'autres termes, devait être placé sous la dépendance de contractions musculaires toujours identiques.

Ce que le raisonnement seul avait fait pressentir, ressort clairement de mes recherches. J'ai en effet constaté, dans toutes mes expériences, ainsi que je l'ai déjà démontré, que c'est toujours un seul muscle qui exécute le mouvement fondamental, représentant un mouvement donné de l'âme. Cette loi est tellement rigoureuse, que l'homme a été privé du pouvoir de la changer et même de la modifier. On prévoit ce qui serait infailliblement arrivé s'il en eût été autrement; le langage de la physionomie aurait eu le sort du langage parlé, créé par l'homme : chaque contrée, chaque province, aurait eu sa manière de peindre les passions sur la figure ; peut-être aussi le caprice aurait-il fait varier à l'infini l'expression physionomique dans chaque ville, chez chaque individu.

Il fallait que ce langage de la physionomie fût immuable, condition sans laquelle il ne pouvait être universel. C'est pour cela que le Créateur a placé la physionomie sous la dépendance des contractions musculaires instinctives ou réflexes.

On sait avec quelle régularité tous les mouvements instinctifs s'exécutent. Je ne citerai, comparativement et comme exemple, que ceux de la marche, pendant laquelle l'enfant même résout les problèmes de mécanique les plus compliqués, avec une facilité et une précision que la volonté ne saurait jamais égaler. On comprend donc comment chaque passion est toujours dessinée sur la figure par les mêmes contractions musculaires, sans que ni la mode ni le caprice puissent les faire varier.

« Généralement, dit Descartes, toutes les actions tant du visage que des yeux peuvent être changées par l'âme, lorsque, voulant cacher sa passion, elle en imagine fortement une contraire, en sorte qu'on s'en peut aussi bien servir à dissimuler ses passions qu'à les déclarer (1). » Il est très vrai que certaines personnes, les comédiens par-dessus tous, possèdent l'art de feindre merveilleusement des passions qui n'existent réellement que sur leur physionomie ou sur leurs lèvres. En se créant une situation imaginaire, ils peuvent, en vertu

---

(1) *Les passions de l'âme*, 2ᵉ part., art. 143.

d'une aptitude spéciale, faire appel à ces émotions artificielles. Cependant il me sera facile de démontrer qu'il n'est pas donné à l'homme de simuler ou de peindre sur sa face certaines émotions, et que l'observateur attentif peut toujours, par exemple, découvrir et confondre un sourire menteur.

Quoi qu'il en soit, les caractères de l'expression de la face humaine, qu'on les simule ou qu'ils soient produits réellement par un mouvement de l'âme, ne peuvent être changés ; ils sont les mêmes chez tous les peuples, chez les sauvages comme chez les nations civilisées, ne différant, chez ces dernières, que par leur modération ou par la distinction des traits.

C. — Physionomie au repos.

Pendant le repos musculaire, c'est-à-dire dans l'intervalle des mouvements déterminés par l'action nerveuse, volontaire ou instinctive, les muscles possèdent encore une force qui ne sommeille jamais, qui ne se perd qu'avec la vie. Cette force est appelée *tonicité*. C'est en vertu de cette force tonique que les extrémités libres d'un muscle coupé, chez le vivant s'éloignent l'une de l'autre en se rétractant.

Les muscles sont donc des espèces de ressorts qui, dans l'intervalle des contractions, se font plus ou moins équilibre. C'est ainsi qu'à la face, les tissus, et principalement la peau, sont entraînés dans le sens des plus forts.

Chez le nouveau-né, l'âme est encore vierge de toute émotion, la physionomie au repos est absolument négative ; elle exprime l'absence complète de toute émotion ; mais, dès qu'il vient à être excité par les sensations, et qu'il commence à ressentir l'influence des passions, les muscles de sa face entrent en action pour les peindre sur son visage. Ceux de ses muscles qui sont le plus souvent exercés par cette sorte de gymnastique de l'âme prennent plus de développement, et leur force tonique s'accroît proportionnellement.

Est-il besoin de dire que la physionomie au repos subit nécessairement l'influence des modifications éprouvées par la force tonique de ses muscles, ou, suivant une comparaison triviale que j'ai déjà faite, par la force des ressorts qui la maintenaient en équilibre? C'est ainsi que se forme la physionomie au repos, physionomie individuelle qui doit être conséquemment l'image de nos sentiments habituels, le faciès de nos passions. (Je ne fais que développer ici scientifiquement un fait bien connu et généralement admis.)

Cependant un philosophe célèbre, Diderot, semble y avoir apporté de grandes restrictions. « On se fait (dit-il) à soi-même quelquefois sa physionomie. Le visage, accoutumé à prendre le caractère de la passion dominante, la garde ; quelquefois aussi on la reçoit de la nature, et il faut bien la garder comme on l'a reçue. *Il lui a plu de nous faire bons, et de nous donner le visage du méchant, ou de nous faire méchants, et de nous donner le visage de la bonté* (1). »

S'il était vrai que la bonté pût être masquée par les dehors physionomiques de la méchanceté, il faudrait beaucoup en rabattre de l'admiration que nous devons à ce chef-d'œuvre de la nature, l'expression.

L'assertion de Diderot n'est heureusement pas exacte. Si l'on observe les nouveau-nés à ce point de vue, on leur trouvera toujours une expression identique, négative, comme je l'ai dit précédemment. C'est seulement avec le temps que l'on voit se former leur physionomie individuelle, bonne ou méchante, suivant la prédominance ou de leurs bonnes ou de leurs mauvaises passions. En admettant même qu'un homme bon pût naître avec une figure méchante, cette espèce de monstruosité serait tôt ou tard effacée par les mouvements incessants d'une belle âme.

Toutefois il est des affections locales de la face (contractures, paralysies partielles, tics) qui, à la longue, altèrent à tout jamais les traits naturels de la physionomie individuelle. Il est bien entendu que l'on doit tenir compte de cette cause d'erreur.

---

(1) *OEuvres complètes de Diderot : Essai sur la peinture*, p. 500.

III.

AU POINT DE VUE DE L'APPLICATION AUX ARTS PLASTIQUES.

L'analyse anatomique et électro-physiologique des différents modes d'expression de la face, cette étude sur le mécanisme de la physionomie humaine, qui fait connaître la raison d'être des lignes, des rides, des saillies, des creux du visage, est d'une grande utilité dans la pratique des arts plastiques. C'est ce que je vais essayer de faire ressortir dans les considérations suivantes.

A. — Examen comparatif de l'utilité de l'anatomie morte et de l'anatomie vivante, au point de vue des arts plastiques.

L'étude expérimentale du mécanisme de la physionomie en mouvement exige des notions anatomiques exactes sur la musculation et sur l'innervation de la face. Quiconque voudra répéter mes expériences; ou seulement satisfaire sa curiosité scientifique sur ce mécanisme de la physionomie, devra certainement posséder ces notions anatomiques spéciales.

Cependant l'artiste pourrait, à la rigueur, les négliger entièrement; il lui suffirait, pour la pratiquer, de connaître exactement les lois des mouvements expressifs, qui découlent de mes recherches.

Afin de justifier cette opinion, que l'on me permette de dire ici mon sentiment sur le degré d'utilité des connaissances anatomiques en général, pour ce qui intéresse la pratique des arts plastiques.

Dans l'antiquité, l'étude de l'anatomie se composait de deux parties essentiellement distinctes, que l'on appelait *anatomie morte* et *anatomie vivante*. La première, qui s'occupe spécialement de la conformation des organes, était inséparable de la seconde, qui traite de leurs fonctions; en d'autres termes, l'étude de l'anatomie morte n'était qu'une préparation à l'étude des organes en action (1). On en trouve la preuve dans un livre intitulé *De l'usage des parties*, magnifique monument, élevé par Galien à la physiologie expérimentale des anciens (2).

On ne saurait contester l'utilité de l'anatomie morte appliquée à la peinture et à la sculpture. Les plus grands maîtres de la renaissance, Léonard de Vinci, Michel-Ange (à qui l'on pourrait reprocher d'en avoir abusé), et tant d'autres dont le génie était rehaussé par la science, nous montrent, dans leurs œuvres magnifiques, tout le parti que l'on peut tirer des connaissances anatomiques.

Je ne crois pas cependant que ces études faites sur le

---

(1) C'est ce qu'on appelle de nos jours vivisection, mode d'expérimentation remis en usage par la physiologie moderne, à l'imitation des anciens, que nous n'avons pas toujours égalés dans cette voie de recherches.

(2) *Œuvres anatomiques, physiologiques et médicales de Galien*, trad. par Ch. Daremberg, 1854, t. I.

cadavre soient absolument indispensables à la pratique de l'art. Il paraît, en effet, bien démontré que, chez les Grecs, l'anatomie humaine était ignorée.

Elle eût blessé leur religion et leurs mœurs. Du temps de Galien même, les dissections humaines eussent été considérées comme un sacrilége. Aussi ce grand anatomiste, à l'exemple de ses prédécesseurs, n'a-t-il jamais disséqué que des singes. Et il a conclu de cet animal à l'homme!

De telles connaissances ne pouvaient évidemment pas servir à l'étude des formes de l'homme; conséquemment elles n'étaient pas applicables à la pratique des arts plastiques.

De quelle école sont donc sortis ces magnifiques chefs-d'œuvre de la statuaire antique dont nous ne pouvons admirer aujourd'hui que les débris? Si l'on ne savait le contraire, on ne manquerait pas de supposer une science anatomique profonde aux maîtres qui les ont produits.

C'est que chez les Grecs l'étude du nu était singulièrement favorisée par les mœurs; c'est que l'artiste avait de fréquentes occasions d'étudier le jeu des muscles sur des sujets qui possédaient à la fois la force, l'adresse et la beauté des formes, toutes qualités alors en honneur. Aussi avec quelle sévérité et avec quelle sagesse savaient-ils accuser les reliefs et les dépressions qui trahissent le mouvement et donnent la vie aux membres!

Cette science précieuse, indispensable chez tout artiste, la science du modelé vivant, née seulement de l'observation de l'homme en mouvement, était elle-même une véritable *étude d'anatomie vivante, sans laquelle la connaissance de l'anatomie morte n'aurait pu produire que des écorchés ou des difformités.* C'est du moins ce que l'expérience apprit plus tard. L'exagération de la science anatomique ne fut-elle pas en effet une des principales causes de la décadence de l'art ?

En résumé, bien que l'étude de l'anatomie morte soit incontestablement utile, bien qu'elle aide à comprendre la raison des reliefs musculaires des membres et du tronc, il ressort des considérations précédentes : 1° qu'elle n'est pas absolument indispensable ; 2° que l'étude des formes extérieures, surtout à l'état de mouvement, doit être cultivée beaucoup plus spécialement dans la pratique des arts plastiques.

S'il est permis de douter que l'étude de l'anatomie morte soit absolument nécessaire aux arts plastiques, pour ce qui a trait aux mouvements des membres et du tronc, on peut affirmer qu'elle est bien moins utile encore à la face, où, à peu d'exceptions près, les muscles en contraction ne font aucun relief sous la peau.

Peu importe, en effet, à l'artiste, de connaître la situation, la forme et la direction des muscles de la face, de savoir que tel ou tel de ces muscles préside à l'expression de la joie, du chagrin, de la colère, etc., si pour peindre exactement ces passions diverses, il lui suffit d'observer l'homme agité par elles dans les conditions normales de la vie.

UTILITÉ DE CES RECHERCHES. 59

E. — Impossibilité d'étudier les mouvements expressifs de la face de la même manière que les mouvements volontaires des membres.

Les mouvements expressifs de la physionomie ne sont pas, comme ceux des membres et du tronc, soumis à l'influence de la volonté ; car l'âme seule jouit, en général, de la faculté de les produire avec fidélité. Ils sont alors tellement fugaces, qu'il n'a pas toujours été possible aux plus grands maîtres de saisir, comme pour les mouvements des autres régions, l'ensemble de tous leurs traits distinctifs. J'aurai l'occasion d'en fournir la preuve, en prenant pour exemple quelques-uns des antiques célèbres. Que l'on me pardonne ces hardiesses ; je m'engage à les justifier plus tard par une analyse scientifique et rigoureuse.

Les règles des lignes expressives de la face en mouvement, ce que je voudrais appeler *orthographe* de la physionomie, n'ont pas été réellement formulées jusqu'à ce jour, quoique depuis longtemps on ait essayé d'exposer l'ensemble des traits qui constituent telle ou telle expression.

Ce n'est pas que le talent ait fait défaut dans ce genre d'étude ; car parmi les auteurs qui ont traité spécialement de ce sujet important, on en compte plusieurs dont le nom est illustre dans l'histoire des beaux-arts (je rappellerai encore ici le nom du célèbre peintre Lebrun). C'est que, ne connaissant pas un critérium certain, chacun d'eux a plutôt consulté ses propres inspirations que l'observation exacte de la nature.

Heureux l'artiste qui, ne prenant que son génie et son inspiration pour guides, n'est pas tombé dans quelques écarts, sans pouvoir en trouver la raison !

Étudiant à ce point de vue les chefs-d'œuvre des grands maîtres, j'ai fait des remarques qui ne sont pas ici sans intérêt et que je vais exposer brièvement.

Les traits propres à tel ou tel mouvement expressif se composent de lignes *fondamentales*, qui en sont les signes pathognomoniques, et de lignes que j'appellerai *secondaires*. Celles-ci peuvent manquer dans certaines conditions ; mais, dès qu'elles apparaissent, ce n'est jamais que comme satellites de celles-là, pour ajouter à leur signification, pour donner une idée approximative du degré de la passion, de l'âge du sujet, etc.

Les maîtres de l'art n'ont pas toujours su trouver ces lignes fondamentales : tantôt, après les avoir instinctivement dessinées avec une grande vérité dans une esquisse, ils les ont perdues en finissant leur travail, sans pouvoir les retrouver ; d'autres fois il ont su les exprimer seulement d'un côté de la face. Je citerai des exemples à l'appui de ces assertions ; je démontrerai que ces fautes ne doivent être attribuées qu'au défaut de connaissances suffisantes sur les lois du mécanisme de la physionomie en mouvement.

J'ai constaté cependant avec admiration que ces hommes de génie ont, en général, merveilleusement senti les lignes fondamentales de l'expression. Quand il leur est arrivé de s'égarer dans la peinture d'une passion, c'est presque toujours à l'occasion des lignes expressives secondaires. Ainsi, quand je me suis trouvé en présence de leurs chefs-d'œuvre, j'ai quelquefois été surpris de voir des lignes secondaires, compagnes habituelles des passions les plus sympathiques, les plus touchantes, figurer à côté de lignes fondamentales représentant les plus mauvaises passions, bien que la nature ait rendu de telles associations mécaniquement impossibles.

Les lignes secondaires expressives ne seraient-elles qu'une sorte d'ornement dont le Créateur se serait plu à décorer les lignes fondamentales, qu'elles n'en seraient pas moins sacrées. Cette seule considération suffirait pour défendre à l'artiste de les effacer capricieusement, quelle que soit la hauteur de son génie. Mais il faut que l'on sache qu'elles ne sont pas un simple ornement, une fantaisie de la nature. J'ai dit, et je démontrerai qu'elles enrichissent les lignes fondamentales en fournissant certains renseignements importants.

Eh bien! malgré l'utilité incontestable de ces lignes secondaires, on n'a pas craint quelquefois, dans les arts plastiques, de les oublier ou de les effacer.

Ainsi j'aurai plus tard à examiner si les anciens artistes grecs qui imitaient rarement les détails n'ont pas trop sacrifié aux convenances de la beauté plastique, en négligeant les traits secondaires, et si les modernes, à leur exemple, ne se sont pas de même laissé trop souvent égarer par un faux goût. Peut-être aussi n'ont-ils pas reconnu l'importance de ces lignes, par le seul fait de la difficulté d'observer les mouvements expressifs de la face.

En somme, il ressort des considérations critiques précédentes que, dans l'étude des lignes expressives de la face, l'artiste a manqué jusqu'à ce jour d'un critérium certain.

C. — **Les règles du mécanisme de la physionomie, déduites de l'expérimentation électro-musculaire éclairent l'artiste, sans enchaîner la liberté de son génie.**

L'électrisation localisée, qui fixe les traits de la face et fait connaître exactement la cause physique de tous ses plis, de toutes ses rides, en provoquant la contraction de ses muscles partiellement ou par groupes, est destinée à représenter les expressions primitives ou les expressions complexes. Cette méthode d'exploration permet donc de formuler à coup sûr les règles qui doivent guider l'artiste dans la peinture fidèle et complète des mouvements de l'âme, les règles de l'*orthographe* de la physionomie en mouvement.

Que l'on ne craigne pas que ces règles puissent menacer la liberté de l'art, étouffer les inspirations du génie; elles ne leur apporteront pas plus d'entraves que les règles de la perspective, par exemple. Que l'on ne croie pas non plus que chaque expression aille sortir, pour ainsi dire, d'un moule unique; le jeu de la physionomie ne peut être ni aussi simple, ni d'une monotonie aussi affligeante.

N'est-il pas, en effet, établi par mes expériences, que le degré d'accentuation et de développement des traits fondamentaux et secondaires de la physionomie en mouvement, non-seulement est en raison directe du degré de contraction musculaire (ce qui signifie : selon le degré de la passion qui la provoque), mais aussi suivant une foule d'autres conditions ?

Voici, en résumé, quelques-unes de ces conditions.

Les traits fondamentaux qui, à la naissance, apparaissent pendant les mouvements de la physionomie, s'accentuent, se creusent et s'étendent avec l'âge et par le jeu des passions ; ce n'est en général qu'à une certaine époque de la vie que l'on voit poindre et se développer les traits secondaires, satellites des lignes fondamentales.

Ajoutons que tous ces phénomènes sont encore subordonnés au degré d'embonpoint ou de maigreur du sujet, et que le sexe exerce aussi sur leur mode de production une certaine influence.

Ce n'est pas tout encore : le fond sur lequel se peignent ou s'écrivent tous ces signes du langage muet de l'âme n'est jamais le même ; en d'autres termes, la physionomie individuelle doit conserver son cachet propre au milieu de ces transfigurations passagères que lui font subir les agitations incessantes des passions. Or cette physionomie individuelle n'est pas seulement sous la dépendance des contours du visage, sur lesquels on sait que Lavater a fondé sa doctrine; elle est aussi constituée par la permanence des traits propres aux sentiments habituels du sujet, à ses passions violentes, et cela en vertu de la prédominance des muscles les plus exercés par ce que l'on peut appeler *gymnastique des passions*.

En voilà certes assez, je pense, pour faire varier à l'infini les traits d'une même passion, d'une même affection.

L'observance des règles déduites de l'étude du mécanisme de l'expression exige, chez l'artiste, une grande finesse d'observation.

Ces règles évidemment ne peuvent suppléer au génie; mais, en enseignant l'art de peindre *correctement* les mouvements de la physionomie humaine et en faisant connaître l'harmonie naturelle de ses lignes expressives, elles peuvent empêcher ou modérer les écarts de l'imagination.

PLAN QUE J'AI ADOPTÉ POUR L'EXPOSITION DE CES RECHERCHES.

Les faits qui ressortent de mes expériences électro-physiologiques sur le mécanisme de la physionomie en mouvement sont de ceux qui ne peuvent être jugés que par la vue. J'ai répété ces expériences des centaines de fois en présence de nombreux témoins, et toujours elles ont porté la conviction dans les esprits.

Des artistes habiles ont vainement essayé de les représenter; car les contractions provoquées par le courant électrique sont de trop courte durée pour que le dessin ou la peinture puisse reproduire exactement les lignes expressives qui se développent alors sur la face.

La photographie seule, aussi fidèle que le miroir, pouvait atteindre la perfection désirable; elle m'a permis de composer, d'après nature, un album de figures qui feront, pour ainsi dire, assister mes lecteurs aux expériences électro-physiologiques que j'ai faites sur la face de l'homme.

Un écrivain spirituel, Töpffer, a démontré d'une manière très originale l'existence d'une nouvelle espèce de littérature qu'il a appelée *littérature en estampes*.

« On peut écrire, dit-il dans son *Essai de la physiognomonie*, des histoires avec des chapitres, des lignes, des mots : c'est de la littérature proprement dite. On peut écrire des histoires avec des successions de scènes représentées graphiquement : c'est de la littérature en estampes. . . . .

» La littérature en estampes a ses avantages propres : elle admet, avec la richesse des détails, une extrême concision relative; car un, deux volumes écrits par Richardson lui-même, équivaudraient difficilement, pour dire avec autant de puissance les mêmes choses, à ces dix ou douze planches d'*Hogarth*, qui, sous le titre d'*Un mariage à la mode*, nous fait assister à la triste destinée et à la misérable fin d'un dissipateur . . . .

» Elle a aussi cet avantage propre, d'être d'intuition en quelque sorte, et partant d'une extrême clarté relative. . .

» Enfin il y a bien plus de gens qui regardent que de gens qui lisent. »

Les remarques judicieuses de Töpffer sont parfaitement applicables au sujet scientifique et artistique dont j'ai à traiter. La vue de figures photographiées, qui représentent, comme la nature, les traits expressifs propres aux muscles interprètes des passions, en apprend mille fois plus que les considérations et les descriptions les plus étendues.

Il me suffirait, pour montrer l'exactitude des propositions neuves et importantes qui ont été exposées dans ces considérations générales, de publier l'album composé de ces photographies électro-physiologiques de la face, avec quelques notes explicatives. Ma tâche serait plus facile; mais la démonstration scientifique de tous les faits mis en lumière par mes expériences m'oblige d'entrer dans des considérations anatomiques et physiologiques qui ne sauraient trouver place dans l'explication des figures d'un album. Ces considérations d'ailleurs seront nécessaires à ceux qui voudront répéter mes expériences ou qui auraient à en faire l'application à la pratique des arts plastiques.

J'ai donc composé un album de figures photographiées d'après nature, destinées à représenter mes expériences électro-physiologiques sur le mécanisme de la physionomie, et, dans l'explication des légendes de ces figures, j'ai résumé les principaux faits qui découlent de ces expériences.

Je publierai ensuite un travail dont cet album sera l'atlas, et dans lequel je me propose : 1° d'exposer quelques considérations anatomiques sur chacun des muscles qui concourent à l'expression; 2° de décrire leur action partielle, les reliefs, les creux, les sillons, les plis, les rides, en un mot les mouvements variables auxquels ils donnent naissance, suivant leur degré de contraction, selon l'âge du sujet et certaines conditions anatomiques; 3° de démontrer la part qu'ils prennent à telle ou telle expression, soit par leur action partielle, soit par leurs combinaisons diverses ; 4° enfin d'en déduire les lois ou plutôt les règles du mécanisme de la physionomie.

TABLE DES MATIÈRES

Préface v
Travaux de l'auteur vii
CONSIDÉRATIONS GÉNÉRALES. 1

CHAPITRE PREMIER. — **Revue des travaux antérieurs sur l'action musculaire dans le jeu de la physionomie** 1

I. — Coup d'œil historique. 2
   A. Camper. 2
   B. Lavater, Moreau (de la Sarthe). 4
   C. Charles Bell. 5
   D. Sarlandière 6

II. — Considérations critiques sur les divers modes d'investigation en usage dans l'étude de la myologie. 7

III. — Origine de mes recherches électro-physiologiques sur la physionomie en mouvement. 13

CHAPITRE II. — **Faits généraux principaux qui ressortent de mes expériences électro-physiologiques** 17

I. — Contractions partielles des muscles de la face. 18
   A. Contractions partielles complétement expressives. ... 18
   B. Contractions partielles incomplétement expressives. . 23
   C. Contractions partielles expressives complémentaires. . 24
   D. Contractions partielles inexpressives 25

TABLE DES MATIÈRES.

II. — CONTRACTIONS COMBINÉES DES MUSCLES DE LA FACE............ 25
    A. Contractions combinées expressives...................... 25
    B. Contractions combinées inexpressives................... 28
    C. Contractions combinées expressives discordantes............ 29
III. — DE LA SYNERGIE MUSCULAIRE DES MOUVEMENTS EXPRESSIFS DE LA FACE.. 30

CHAPITRE III. — **Certitude de ces recherches**................ 33

CHAPITRE IV. — **Utilité de ces recherches**.................. 37
I. — AU POINT DE VUE DE L'APPLICATION A L'ANATOMIE ET A LA PHYSIOLOGIE 37
II. — AU POINT DE VUE DE L'APPLICATION A LA PSYCHOLOGIE......... 41
    A. Dénombrement des muscles expressifs et des expressions obtenues dans mes expériences électro-physiologiques........... 44
    B. Physionomie en mouvement....................... 49
    C. Physionomie au repos 52
III. — AU POINT DE VUE DE L'APPLICATION AUX ARTS PLASTIQUES...... 55
    A. Examen comparatif de l'utilité de l'anatomie morte et de l'anatomie vivante, au point de vue des arts plastiques............ 55
    B. Impossibilité d'étudier les mouvements expressifs de la face de la même manière que les mouvements volontaires des membres 59
    C. Les règles du mécanisme de la physionomie, déduites de l'expérimentation électro-musculaire, éclairent l'artiste sans enchaîner la liberté de son génie....................... 62

Plan que j'ai adopté pour l'exposition de ces recherches. 64

FIN DE LA TABLE DES MATIÈRES.

MÉCANISME

DE LA

PHYSIONOMIE HUMAINE

ALBUM

Paris. — Imprimerie de L. MARTINET, rue Mignon, 2.

MÉCANISME

DE LA

PHYSIONOMIE HUMAINE

OU

ANALYSE ÉLECTRO-PHYSIOLOGIQUE

DE L'EXPRESSION DES PASSIONS

APPLICABLE A LA PRATIQUE DES ARTS PLASTIQUES

PAR LE DOCTEUR

G.-B. DUCHENNE (de Boulogne)

Lauréat de l'Institut de France et de l'Académie de médecine de Paris (prix Itard),
Lauréat du concours Napoléon III sur l'électricité appliquée,
Membre titulaire de la Société de médecine de Paris,
Membre correspondant des Académies, Universités et Sociétés de médecine de Dresde, Florence, Gand,
Genève, Kieff, Leipzig, Madrid, Moscou, Naples, Rome, Saint-Pétersbourg, Stockholm,
Vienne, Wurtzbourg, etc.
Chevalier de la Légion d'honneur.

ALBUM

PARIS

Vᵉ JULES RENOUARD, LIBRAIRE

6, RUE DE TOURNON, 6.

1862

Tous droits réservés.

MÉCANISME
DE LA
PHYSIONOMIE HUMAINE

I

PRÉPARATIONS ANATOMIQUES ET PORTRAITS
DE
SUJETS SOUMIS A DES EXPÉRIENCES ÉLECTRO-PHYSIOLOGIQUES.

Figures 1, 2, 3, 4, 5, 6.

LÉGENDE.

FIG. 1. — *Préparation anatomique des muscles de la face.* — A. Frontal, muscle de l'*attention*. — B. Orbiculaire palpébral supérieur, muscle de la *réflexion*. — C, D. Palpébraux supérieur et inférieur, muscle du *mépris* et complémentaire du *pleurer*. — E. Orbiculaire palpébral inférieur, muscle de la *bienveillance* et complémentaire de la *joie franche*. — F. Petit zygomatique, muscle du *pleurer modéré* et du *chagrin*. — G. Élévateur propre de la lèvre supérieure, muscle du *pleurer*. — H. Élévateur commun

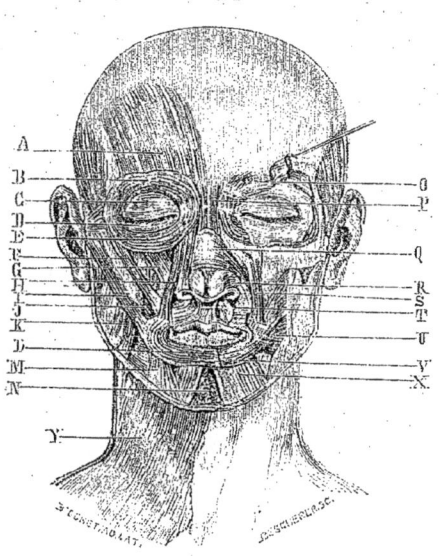

Fig. 1.

de la lèvre supérieure et de l'aile du nez, muscle du *pleurnicher*. — I. Grand zygomatique, muscle de la *joie*. — K. Masséter. — L. Orbiculaire des lèvres. — M. Triangulaire des lèvres, muscle de la *tristesse* et complémentaire des *passions agressives*. — N. Houppe du menton. — O. Sourcilier, muscle de la *douleur*. — P. Pyramidal du nez, muscle de l'*agression*. — Q. Transverse du nez, muscle de la *lasciveté*, de la *lubricité*. — R. Dilatateur des ailes du nez, muscle complémentaire des expressions passionnées. — U. Buccinateur, muscle de l'*ironie*. — V. Fibres profondes de l'orbiculaire des lèvres se continuant avec le buccinateur. — X. Carré du menton, muscle complémentaire de l'*ironie* et des *passions agressives*. — Y. Peaucier, muscle de la *frayeur*, de l'*effroi* et complémentaire de la *colère*.

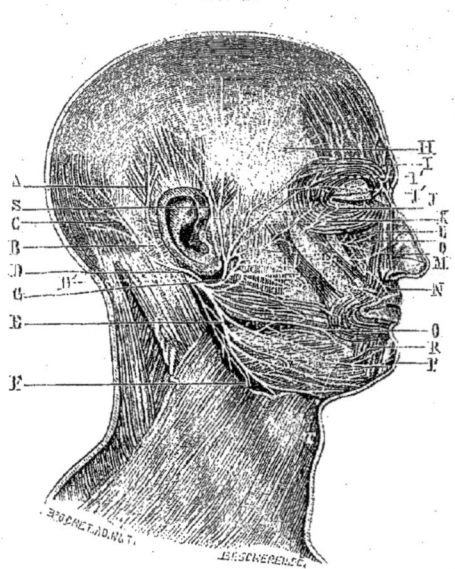

Fig. 2. — *Préparation anatomique des nerfs moteurs de la face (de la septième paire).* — H. Filet moteur du frontal. — I. Filet moteur du sourcilier. — I'. Filet moteur de l'orbiculaire palpébral supérieur. — J'. Filet moteur du palpébral supérieur. — J. Filet moteur du palpébral inférieur. — K. Filet moteur de l'orbiculaire palpébral inférieur. —

b. Filet moteur du grand zygomatique. — *c.* Filet moteur du petit zygomatique. — Q. Filet moteur de l'élévateur propre de la lèvre supérieure. — M. Filet moteur du transverse du nez. — L. Filet moteur de l'élévateur commun de la lèvre supérieure et de l'aile du nez. — N. O. Filets moteurs de l'orbiculaire des lèvres. — R. Filet moteur du carré du menton. — P. Filet moteur de la houppe du menton. — — F. Filet moteur du peaucier. — D'. Tronc du facial à sa sortie de l'aqueduc de Fallope. — G. Branche temporo-faciale. — E. Branche cervico-faciale. — A. B. Filets moteurs des muscles auriculaires postérieur et supérieur. — C. Filet moteur du muscle occipital. — S. Branche auriculo-temporal de la cinquième paire. — T. Rameau moteur des muscles orbiculaire inférieur des lèvres, carré du menton, houppe du menton et triangulaire des lèvres.

Fig. 3. — Physionomie photographiée, au repos, d'un vieillard qui doit servir à de nombreuses expériences électro-physiologiques, représentées par la photographie dans cet album.

Fig. 4. — Physionomie photographiée, au repos, d'un jeune homme, d'après lequel plusieurs expressions électro-physiologiques et naturelles seront reproduites par la photographie.

Fig. 5. — Photographie d'une petite fille fronçant les sourcils, et sur laquelle seront faites plusieurs expériences électro-physiologiques.

PRÉPARATIONS ANATOMIQUES ET PORTRAITS.

Fig. 6. — Destinée à montrer que lorsque le rhéophore est en rapport avec un rameau nerveux qui anime plusieurs muscles, l'électrisation musculaire de la face ne produit qu'une grimace.

Électrisation du rameau temporo-facial; contraction de tous les muscles animés par lui; grimace semblable à celle qui est produite par le tic de la face.

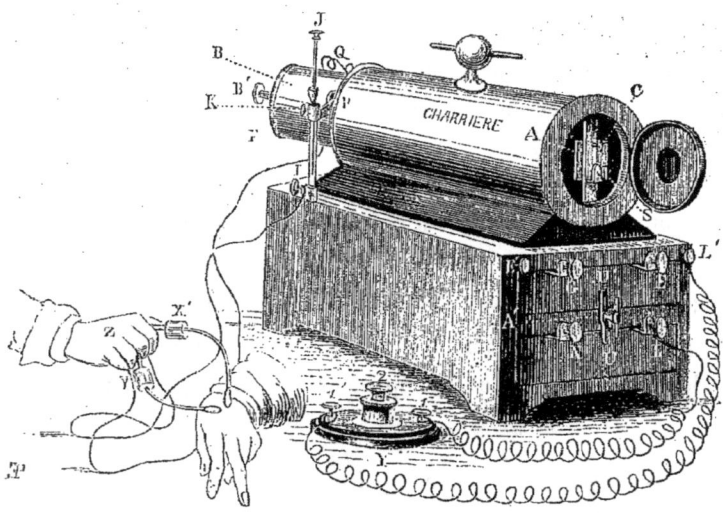

Fig. 2 bis. — Appareil volta-faradique à double courant du docteur Duchenne (de Boulogne).

La description de cet appareil et la manière de le mettre en action ont été exposées dans mon livre intitulé : *De l'électrisation localisée et de son application à la pathologie et à la thérapeutique*, chap. IV, art. 1er, § 1, 2e édition.

EXPLICATION DE LA LÉGENDE.

L'individu que j'ai choisi comme sujet principal des expériences représentées par la photographie dans cet album, est un vieillard édenté, à la face maigre, dont les traits, sans être absolument laids, approchent de la trivialité, dont la physionomie est en parfaite concordance avec son caractère inoffensif et son intelligence assez bornée.

Voici les raisons qui ont déterminé ce choix :

1° Dans la vieillesse, on voit, sous l'influence des contractions musculaires, se dessiner toutes les lignes expressives de la face (les lignes fondamentales et secondaires).

2° La maigreur de mon sujet favorise le développement de ces lignes expressives, et facilite en même temps l'électrisation partielle des muscles de la face.

3° A cette figure triviale je n'ai pas préféré des traits nobles et beaux. Ce n'est pas que l'on doive représenter la nature dans ses imperfections, pour la représenter exactement; j'ai voulu seulement démontrer qu'en l'absence de beauté plastique, malgré les défauts de la forme, toute figure humaine peut devenir *moralement* belle, par la peinture fidèle des émotions de l'âme. On verra que l'on arrive à ce résultat en excitant particulièrement les organes moteurs de la face dont la principale fonction est de peindre nos passions.

ÉLECTRO-PHYSIOLOGIE PHOTOGRAPHIQUE.

Fig. 3.

DUCHENNE (de Boulogne), phot.

ÉLECTRO-PHYSIOLOGIE PHOTOGRAPHIQUE.

FIG. 4.

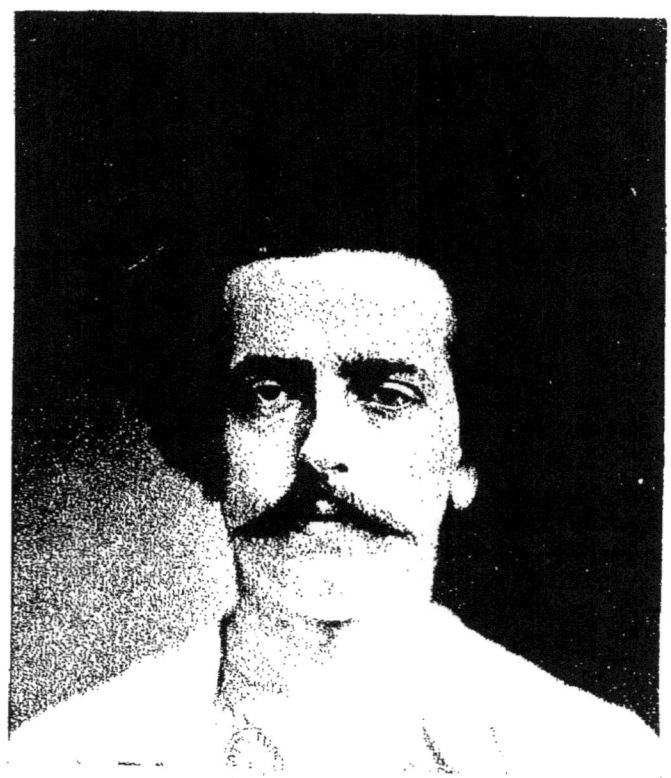

DUCHENNE (de Boulogne), phot.

ÉLECTRO-PHYSIOLOGIE PHOTOGRAPHIQUE.

Fig. 5.

DUCHENNE de Boulogne, phot.

ÉLECTRO-PHYSIOLOGIE PHOTOGRAPHIQUE.

Fig. 6.

Duchenne de Boulogne, phot.

4° Enfin, cet homme présentait une condition très favorable que je n'ai pas rencontrée chez d'autres sujets. — Il est peu de personnes qui consentent à se soumettre à ce genre d'expériences, parce que, sans être très douloureuse, l'électrisation des muscles de la face provoque souvent des mouvements involontaires, la contorsion des traits du visage. — Ce sujet, lui, était peu sensible. Il était atteint d'une affection compliquée d'anesthésie de la face (1). Je pouvais expérimenter sur cette région sans qu'il en éprouvât de la douleur, au point que je faisais contracter partiellement ses muscles avec autant de précision et de sûreté que sur le cadavre encore irritable.

J'aurais pu choisir, à l'exemple des artistes, en général, des modèles dont la physionomie se trouvât en harmonie avec telle ou telle expression. En renonçant à ces avantages, je me suis privé d'un puissant moyen d'augmenter l'intérêt de mes expériences; bien plus, ne voulant pas faire concourir le geste à l'expression de mes figures, j'ai donné à tous mes sujets la même attitude.

Malgré ces conditions désavantageuses, et quoique la présence des rhéophores et des mains qui les tiennent, nuise à l'effet de mes figures, les expressions artificielles que j'ai photographiées n'en sont pas moins saisissantes de vérité.

---

(1) Il était affecté d'un spasme des muscles rotateurs droits de la tête, spasme qui se montrait seulement alors qu'il voulait travailler de son état de cordonnier (j'ai décrit cette maladie sous le nom de *spasme musculaire fonctionnel*). Je l'en ai guéri par l'électrisation des muscles antagonistes.

J'aurai cependant à reproduire quelques expressions sur d'autres individus ; je saisirai alors cette occasion pour réunir autant que possible l'ensemble des conditions qui constituent le beau, au point de vue plastique.

J'expérimenterai aussi sur des sujets de différents âges : sur un enfant (voy. fig. 5, 10, 28, 29), sur un jeune homme (voy. fig. 4, 15, 16, 27, 24, 25), sur une jeune femme (voy. fig. 35, 36), et enfin sur une femme plus âgée et dont la peau est brûlée par le soleil (voy. fig. 11, 26, 27).

La démonstration des faits mis en lumière par l'expérimentation électro-physiologique ne pouvait être complète, sans que les mouvements expressifs naturels fussent représentés par la photographie, comparativement à ceux qui sont produits par l'électrisation localisée. Les moteurs du sourcil sont, de tous les muscles expressifs, ceux qui obéissent le moins à la volonté ; en général, l'émotion de l'âme seule a le pouvoir de les mettre partiellement en mouvement. Or, on le sait, le vieillard dont il a été question plus haut (voy. la fig. 3) est trop peu intelligent ou trop peu impressionnable pour rendre lui-même les expressions que je produis artificiellement sur sa face.

Un hasard heureux m'a fait rencontrer un sujet qui, après un long exercice, en est arrivé à posséder un grand empire sur les mouvements de ses sourcils. C'est un artiste de talent et en même temps un anatomiste qui a eu la curiosité de faire cette étude sur lui-même. En faisant appel à ses sentiments, il rend souvent avec une parfaite vérité la plupart des expressions propres à chacun des muscles du sourcil. Il a eu l'obligeance de se prêter à une expérience, en m'autorisant à en représenter les résultats par la photographie. On voit, dans la figure 4, sa physionomie au repos.

J'ai aussi fait mouvoir individuellement, par la faradisation, les muscles moteurs de son sourcil, et j'ai constaté que les mouvements artificiels étaient semblables aux mouvements expressifs que provoquaient ses sentiments. J'aurais pu représenter ces mouvements électro-musculaires ; mais c'eût été multiplier sans nécessité les figures, dont je suis forcé de restreindre le nombre. Je me suis donc borné à photographier, quand cela a été nécessaire, quelques-uns des mouvements expressifs du sourcil qu'il peut produire lui-même.

Un seul des muscles du sourcil échappe à son pouvoir ; j'en représenterai l'action partielle obtenue par l'électrisation.

Comme ce sujet est jeune, ces figures me serviront à montrer les différences qui existent entre les mouvements expressifs, chez le jeune homme et chez le vieillard.

Enfin, il répond aux exigences de la plastique ; on voit, en effet, sur son portrait (fig. 4), où sa physionomie est au repos, que ses traits sont beaux et réguliers.

La figure photographiée placée en tête de ces recherches, comme spécimen de mes expériences électro-physiologiques, donne une idée du mode d'électrisation que j'ai employé pour obtenir la contraction partielle des muscles de la face.

On remarque que les rhéophores, tenus par ma main droite, communiquent avec mon appareil d'induction (1) par l'intermédiaire des fils conducteurs du courant et sont posés au niveau des muscles de la joie (I, fig. 1). — Les lignes expressives de la joie se seraient montrées incomplètes sur la face du sujet, telles qu'elles peuvent être produites sous l'influence de l'action partielle de ces muscles, si je leur avais envoyé le courant de mon appareil. Mais je dois dire qu'ici le rire est naturel, et que j'ai seulement voulu montrer, dans son ensemble, le simulacre d'une de mes expériences électro-physiologiques.

La pratique de ces expériences n'est pas aussi facile que l'on pourrait le supposer, à la vue de cette figure. Elle exige la connaissance parfaite de la méthode que j'ai inventée afin de limiter l'excitation électrique dans chacun des organes.

Il est nécessaire d'en rappeler ici les principes, en résumé, pour ce qui a trait à l'électrisation musculaire de la face (2).

(1) Cet appareil de précision, celui que j'ai préféré pour ces expériences, est mieux représenté dans la figure 2 *bis* placée au bas de la page 5.

(2) L'électricité d'induction est la seule qui soit applicable à ce genre d'expériences ; je l'ai appelée *faradisme*, et son emploi *faradisation*. Voic comment j'ai justifié ces nouvelles dénominations.

« Le mot *électrisation* ne devrait être employé que d'une manière générale.

» L'application de l'électricité de frottement pourrait être appelée *électrisation statique*, et celle de l'électricité de contact conserverait le nom de *galvanisation*. Mais sous cette dernière dénomination on a, en général, désigné indifféremment, dans la pratique médicale, l'emploi de l'électricité de contact et de l'électricité d'induction. On comprend les conséquences fâcheuses d'une telle confusion, après les considérations électro-physiologiques et thérapeutiques que j'ai exposées dans ce travail.

» Puisqu'il est nécessaire de créer un mot qui désigne exactement l'élec-

afin que l'on comprenne mieux les photographies électro-physiologiques qui composent cet album.

1.° Un appareil d'induction convient à ce genre d'expériences; les intermittences de son courant doivent être assez rapides et égales pour éviter le tremblement du muscle pendant qu'il est mis en contraction ; la gradation du courant doit être d'une grande précision et s'approprier au degré d'excitabilité différent de chacun des muscles de la face.

2° Les rhéophores, aussi petits que possible, afin de ne pas masquer les traits de la face, sont recouverts d'une peau humide, et placés sur les *points d'élection*. Ces points d'élection sont, pour l'expérimentation électro-physiologique pratiquée à la face, les points d'immersion des nerfs moteurs de la face. — On les voit sur la figure 2, où les filets nerveux moteurs des muscles de la face ont été disséqués avec le plus grand soin, et dans laquelle les nerfs sensibles (provenant de la cinquième paire) ont été coupés. — J'indiquerai ces points d'élection dans l'explication des figures qui représenteront les expériences électro-physiologiques.

tricité d'induction ou son application, n'est-il pas permis de le tirer du nom du savant qui a découvert cette espèce d'électricité ? Ainsi, de même que Galvani a laissé son nom à l'électricité de contact, de même aussi on peut, selon moi, donner à l'électricité d'induction le nom de *Faraday*. En conséquence, cette électricité serait appelée *faradisme*, et son application désignée par le mot *faradisation*. Cette dénomination me paraît d'autant plus heureuse, qu'elle établit une distinction bien tranchée entre l'électricité d'induction et l'électricité de contact, en même temps qu'elle consacre le nom d'un savant à qui la médecine doit une découverte bien plus précieuse pour la thérapeutique que celle de Galvani (aujourd'hui cette dénomination est universellement employée dans la pratique médicale). » (*Loc. cit.*, p. 38.)

Ceux qui voudront contrôler mes recherches expérimentales, trouveront ces données insuffisantes. Il me faudrait, pour les initier complétement à cet art de localiser le courant électrique dans les muscles de la face, exposer des détails anatomiques et pratiques qui ne peuvent trouver place dans ce développement des légendes (1). Ce genre d'expériences exige, en outre, une grande habitude ; car il est difficile de trouver les points d'élection à travers la peau.

L'expérience représentée par la figure 6 en est une preuve frappante. Le rhéophore placé au niveau du grand zygomatique aurait dû produire la contraction isolée de ce muscle, ainsi qu'on l'observera dans la figure 30 ; mais le courant, trop intense, ayant pénétré profondément jusqu'à la branche temporo-faciale de la septième paire (voy. G, fig. 2), a provoqué la contraction en masse des muscles animés par ce tronc nerveux, et n'a pu produire qu'une grimace.

(1) Ces détails sont exposés dans ma *Monographie sur les muscles de la face* et dans mon *Traité de l'électrisation localisée*.

II

MUSCLE DE L'ATTENTION

(FRONTAL, A, fig. 1).

Figures 7, 8, 9, 10, 11.

LÉGENDE.

(Regarder alternativement et comparativement l'un des côtés des figures 7, 9, 10, 11, et en masquer le côté opposé.)

FIG. 7. — Destinée à l'étude du mécanisme et de l'expression du muscle frontal chez un vieillard (voy. son portrait photographié, fig. 3).

A droite, excitation électrique, à un degré modéré, du muscle frontal; lignes fondamentales (élévation et courbe du sourcil) et lignes secondaires (plis frontaux, curvilignes, et concentriques à l'arc du sourcil) : *attention*.

A gauche, repos de la physionomie.

FIG. 8. — Destinée à montrer comment les lignes secondaires expressives de l'attention se réunissent et se continuent sur la ligne médiane pendant la contraction des deux muscles frontaux.

Excitation électrique modérée des deux frontaux : *attention*.

Fig. 9. — Destinée à l'étude expressive du muscle frontal, au maximum de contraction.

A droite, excitation électrique, au maximum, des muscles frontaux : *grande attention*.

A gauche, repos de la physionomie.

Fig. 10. — Destinée à l'étude des lignes expressives du muscle frontal chez une petite fille (voy. son portrait, fig. 5).

A droite, électrisation du frontal, développement de la ligne fondamentale (élévation et courbe du sourcil, sans plis frontaux) : *attention*.

A gauche, abaissement du sourcil, occasionné par l'impression d'une lumière trop vive.

Fig. 11. — Destinée à l'étude des lignes secondaires (rides frontales, irrégulières et nombreuses) produites par l'excitation électrique forte du frontal, chez une femme âgée de quarante et un ans et dont la peau a été brûlée par le soleil.

A droite, électrisation du frontal; élévation et courbe du sourcil, rides frontales, nombreuses et irrégulières : *attention*.

A gauche, repos de la physionomie.

EXPLICATION DE LA LÉGENDE.

A. — Mécanisme.

L'électrisation localisée du muscle frontal (A, fig. 1) se pratique en posant l'un des rhéophores au niveau du point d'immersion de son filet moteur (H, fig. 2), comme dans les figures 7, 8, 9, 10, 11.

Dans la figure 7, le muscle frontal droit a été excité modérément, par l'intermédiaire de son nerf moteur (H, fig. 2), au moment où la physionomie était au repos. On voit, du côté excité (à droite) : 1° que non-seulement ce muscle élève considérablement le sourcil, mais qu'il lui fait aussi décrire une ligne courbe plus prononcée que du côté où le sourcil a conservé sa position et sa forme normales ; 2° que le front s'est sillonné de plis curvilignes, concentriques à la courbe du sourcil.

La figure 8 montre la contraction électrique, à un degré modéré, des deux muscles frontaux. Les rides frontales, on le voit, s'étendent sur toute la largeur du front. De chaque côté elles décrivent des courbes à concavité inférieure, qui, en se réunissant sur la ligne médiane, forment une nouvelle courbe à concavité supérieure, dont la corde et la flèche sont plus petites que celles des courbes précédentes. — Dans cette figure on remarque que les rides frontales sont moins nombreuses et moins prononcées à droite qu'à gauche; cela dépend de l'excitation un peu moins forte produite par l'un des pôles (le pôle positif) du courant.

Dans la figure 9, où le muscle frontal est représenté au maximum de contraction, le sourcil et les rides frontales ne décrivent plus des courbes aussi régulières que dans les figures 7 et 8; ils sont plus fortement tirés en haut du côté externe. L'agrandissement de l'ouverture palpébrale, du côté excité, montre que la contraction du frontal exerce une action notable sur l'élévation de la paupière supérieure.

La petite fille sur laquelle j'ai fait contracter modérément (fig. 10) le muscle frontal était âgée de neuf ans. On constate que son sourcil s'est élevé sans produire le plus léger pli sur son front; — c'est le privilége de l'enfance et de l'adolescence de ne dessiner que les lignes expressives fondamentales, pendant le jeu de la physionomie. Toutefois, au maximum de contraction du frontal, j'ai vu naître sur ce jeune front une ou deux rides frontales, qui sont les lignes secondaires expressives, produites par le muscle frontal.

B. — Expression.

Masquez le côté droit de la figure 7 ou de la figure 9 avec un diaphragme de carton, de manière à ne laisser à découvert que le côté gauche de la face, vous remarquerez d'abord l'obscurité profonde qui enveloppe l'œil et l'orbite de ce côté, obscurité qui se répand sur la joue entière.

Faites ensuite glisser rapidement le diaphragme de droite à gauche, de manière qu'à partir de l'extrémité interne des rides frontales artificielles, le front et la joue droite restent à découvert; alors quel contraste surprenant entre ces deux côtés de la face! A droite, l'orbite est illuminée, la prunelle étincelle de lumière, surtout dans la figure 9, où la contraction est à son maximum.

Et puis voyez la différence qui existe entre la joue droite et la joue gauche. Ici, l'obscurité, la lourdeur des traits et du modelé, le calme intérieur, l'indifférence la plus complète. Là, au contraire, la lumière qui éclaire l'œil et l'orbite, rayonne aussi sur toute la joue, dont les traits paraissent allongés et le modelé modifié. Et quelle merveilleuse transformation de la physionomie! C'est le réveil de l'esprit.

On a certes beaucoup exagéré en disant que, sous l'influence d'une ardente passion, *l'œil brille de son propre feu*; l'expérience précédente est la preuve incontestable de mon assertion. A voir, en effet, cet éclat de l'œil droit, ce point lumineux qui étincelle sur la prunelle, vous pourriez croire que cet œil a subi une profonde modification organique, sous l'influence d'un mouvement psychique, d'une passion violente. Mais dès que vous reportez votre regard sur le côté gauche de la face, vous n'y rencontrez plus qu'un œil terne, qui représente l'état réel de l'âme du sujet. Il est donc de toute évidence que, dans notre expérience, cet éclat de l'œil, ce feu du regard, sont sous la dépendance d'un mouvement spécial du sourcil.

Si maintenant vous comparez entre elles les figures 7 et 9, vous voyez que tout en exprimant, au fond, un état de l'esprit semblable, elles impressionnent cependant le spectateur d'une manière différente. Ainsi, comme je l'ai déjà démontré, elles annoncent (du côté droit) que l'esprit est tenu en éveil par une cause extérieure ; elles expriment l'*attention*.

Mais on sent que le sujet éprouve une émotion évidemment plus grande dans la figure 9 que dans la figure 7. La première (fig. 9) le montre prêtant une attention très grande qui le captive et va presque jusqu'à la surprise, l'admiration, dans la seconde (fig. 7), la physionomie est plus tranquille ; le sujet est seulement attentif.

ÉLECTRO-PHYSIOLOGIE PHOTOGRAPHIQUE.

Fig. 7.

Duchenne de Boulogne, phot.

ÉLECTRO-PHYSIOLOGIE PHOTOGRAPHIQUE.

FIG. 8.

[DUCHENNE (de Boulogne), phot.]

ÉLECTRO-PHYSIOLOGIE PHOTOGRAPHIQUE.

Fig. 9.

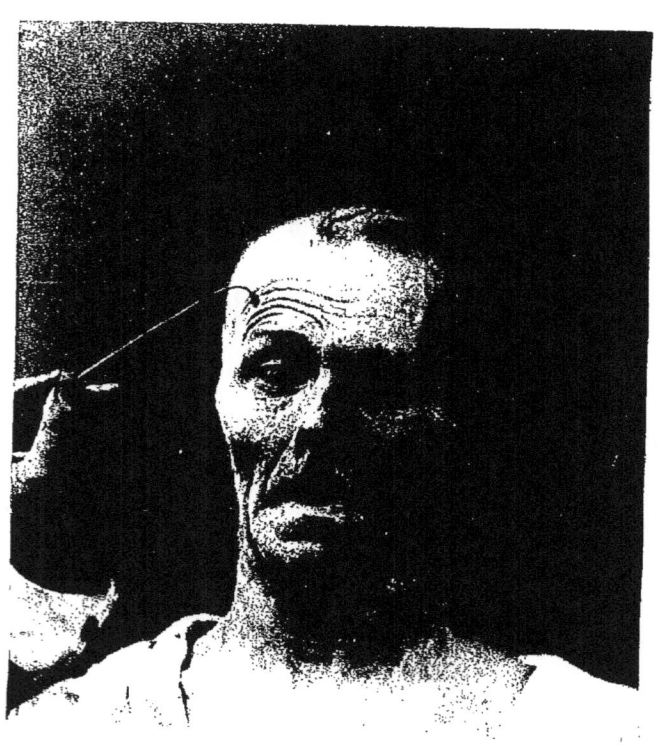

ÉLECTRO-PHYSIOLOGIE PHOTOGRAPHIQUE.

Fig. 40.

ÉLECTRO-PHYSIOLOGIE PHOTOGRAPHIQUE.

Fig. 11.

DUCHENNE (de Boulogne), phot.

ÉLECTRO-PHYSIOLOGIE PHOTOGRAPHIQUE.

Fig. 11.

Duchenne (de Boulogne), phot.

III

MUSCLE DE LA RÉFLEXION

(ORBICULAIRE PALPÉBRAL SUPÉRIEUR, portion du muscle dit sphincter des paupières, B, fig. 1).

Figures 12, 13, 14, 15.

LÉGENDE.

(Regarder alternativement et comparativement chacun des côtés des figures 12, 14, et en masquer le côté opposé.)

FIG. 12. — Destinée, ainsi que la figure 13, à l'étude du mécanisme et de l'expression du muscle *orbiculaire palpébral supérieur* (B, fig. 1), chez un vieillard (représenté dans les fig. 3, 7, 8, 9).

A droite, électrisation modérée de l'orbiculaire palpébral supérieur : *réflexion*.

A gauche, *attention*.

FIG. 13. — Électrisation plus forte des orbiculaires palpébraux supérieurs, avec abaissement léger des commissures labiales : *méditation, contention*.

Fig. 14. — Destinée à montrer comparativement, chez le même individu, la contraction au maximum de l'orbiculaire palpébral supérieur et du sourcilier.

A gauche, électrisation très forte de l'orbiculaire palpébral supérieur : *mécontentement, pensée sombre*.
A droite, électrisation du sourcilier.

Fig. 15. — Destinée à démontrer que le mécanisme de la contraction volontaire de l'orbiculaire palpébral supérieur est identiquement le même que sous l'influence du courant électrique.

Contraction volontaire, forte, des orbiculaires palpébraux supérieurs, chez un jeune sujet (voy. son portrait photographié, fig. 4) : *méditation, contention.*

EXPLICATION DE LA LÉGENDE.

A. — Mécanisme.

Au moment où l'expérience photographiée dans la figure 12 a été faite, le sujet regardait un objet situé en face de lui et sur lequel j'avais fortement attiré son attention ; son sourcil s'était relevé ; son front s'était ridé transversalement, dans toute sa largeur ; son muscle frontal, en un mot, était légèrement en action et exprimait l'état de son esprit : l'attention. Masquez, en effet, le côté droit de cette figure, et du côté opposé vous reconnaîtrez, dans son regard et sur son front, les signes caractéristiques de ce mouvement expressif ; signes qui ont été exposés page 2, figures 7 et 8.

Si ensuite vous découvrez le côté droit, où l'orbiculaire palpébral supérieur est mis en contraction, vous observez : 1° que le sourcil s'est abaissé en masse, en effaçant les rides frontales ; 2° qu'il est devenu rectiligne ; 3° qu'il a exécuté un mouvement de corrugation, en vertu duquel les poils couchés obliquement de dedans en dehors et de haut en bas se sont redressés. Tel est l'ensemble des mouvements du sourcil, toujours produits par la contraction partielle et modérée du frontal.

La ligne verticale que l'on voit sur la figure 12, en dedans de la tête du sourcil droit, existe même quand la physionomie de ce sujet est au repos, ainsi qu'on le constate sur son portrait, fig. 3 (j'ai expliqué ailleurs la raison de cette anomalie). Cette ligne verticale n'aurait dû apparaître qu'avec un mouvement très prononcé de corrugation du sourcil, mouvement qui avait à peine commencé dans l'expérience précédente, parce que je n'avais provoqué qu'une contraction modérée de l'orbiculaire palpébral supérieur.

Sur la figure 13, l'orbiculaire palpébral supérieur a été mis en contraction de chaque côté plus énergiquement que sur la figure 12. Le mouvement de corrugation était très prononcé; aussi deux lignes verticales profondes se sont-elles dessinées en dedans de la tête du sourcil. — Je dois faire remarquer que notre vieillard est peu favorable à l'étude de ces lignes verticales, qui sont un des signes caractéristiques d'une action plus violente de l'esprit, de la méditation.

On les voit ordinairement se développer belles et pures dans l'espace intersourcilier, dont la surface cutanée, pendant le repos musculaire, est unie, comme on l'observe à un âge moins avancé.

Ces lignes verticales intersourcilières sont bien rendues sur la face d'un homme jeune que j'ai photographié (voyez la fig. 15) au moment où il se livrait à de grands efforts de méditation. Ce mouvement expressif du sourcil, alors qu'il est produit par la méditation et qu'il vient de l'âme, est absolument le même que celui qui, dans l'expérience précédente (voyez la fig. 13), a été produit par la contraction électrique des orbiculaires palpébraux supérieurs.

Les différences que l'on observe entre ces deux figures dépendent uniquement des conditions individuelles des deux sujets qu'elles représentent, parmi lesquelles il faut mettre en première ligne la différence d'âge. L'un est vieux et laid (voyez son portrait, fig. 3); l'autre est jeune et beau (voyez son portrait, fig. 4); la peau de son front et de son espace intersourcilier est parfaitement unie, — privilége de la jeunesse; — son sourcil est haut, la courbe en est assez prononcée et tend à devenir rectiligne ; ce qui annonce l'habitude de la réflexion. Ainsi donc, le portrait de ce jeune homme est bien différent de celui du vieillard (fig. 3). Cependant, de même que chez ce dernier, ses sourcils se sont abaissés, sont devenus rectilignes et ont ombragé son œil, sous l'influence de la contraction de l'orbiculaire palpébral supérieur, que cette contraction ait été provoquée par un courant électrique ou par l'excitation venant de l'âme, la volonté. Enfin, dans son espace intersourcilier, deux belles lignes verticales ont été creusées par les efforts de la méditation.

Lorsque la contraction de l'orbiculaire palpébral supérieur est à son maximum, le mouvement de corrugation est tel, que, chez certains individus âgés et maigres, on voit quelques plis verticaux de la peau se former au-dessus de la portion interne du sourcil : c'est ce que l'on observe sur le côté gauche de la figure 14, où j'ai fait contracter énergiquement l'orbiculaire supérieur.

B. — Expression.

Revenons à l'expérience représentée dans la figure 12, à l'occasion de l'étude du mécanisme des mouvements de l'orbiculaire palpébral supérieur. Regardons alternativement et comparativement chacune des moitiés de la face. Quelles impressions éprouvons-nous à la vue de ces deux physionomies différentes?

On voit qu'à droite, l'attention du sujet vient d'être attirée par une cause extérieure. Tel était l'état de son esprit au moment de l'expérience, ainsi que je l'ai déjà dit. — A gauche, il paraît rassembler les forces de sa pensée, se concentrer en lui-même, pour réfléchir sur la cause qui, du côté opposé de la face, avait attiré son attention : c'est l'image de la réflexion sans efforts. La présence d'un rhéophore nous apprend que son esprit n'y est pour rien; qu'ici tout est artificiel; que le courant électrique seul a fait contracter le muscle qui représente la réflexion, la pensée.

Le vieillard dont le portrait est photographié, fig. 3, est, on le sait, d'un esprit assez borné. Cependant, en regardant seulement le côté droit de la figure 12, on lit dans son regard une pensée profonde qui métamorphose et ennoblit tous les traits de sa face, ils paraissent fins et spirituels. A voir cet air si réfléchi, on accorderait à cet homme une grande intelligence.

Tel est l'effet magique de ce mouvement imprimé au sourcil par l'orbiculaire palpébral supérieur.

On pourrait objecter que le sourcil naturellement peu élevé du sujet soumis à ces expériences favorise singulièrement l'expression de la réflexion. Cette observation paraît juste; car il serait évidemment impossible d'exprimer la réflexion, la méditation à un aussi haut degré, avec un sourcil très haut et dont l'orbiculaire palpébral supérieur serait très peu développé. Cependant, dans les cas même où j'ai rencontré ces conditions peu favorables au développement de cette expression, j'ai toujours vu la contraction modérée de ce muscle imprimer sur la face le cachet de la réflexion.

Il m'eût été facile d'en fournir la preuve, même en choisissant pour modèle une de ces figures dont les sourcils démesurément élevés trahissent la légèreté ou l'étourderie. On aurait vu le muscle de la réflexion, obéissant à mes rhéophores, fixer, pour ainsi dire, la pensée habituellement vagabonde, et répandre sur la physionomie une expression sérieuse et réfléchie. Cet état artificiel de l'un des côtés de la face aurait contrasté d'une manière frappante avec l'état habituel du côté opposé, où j'aurais laissé en liberté l'orbiculaire palpébral.

Que l'on compare la figure 13 à la figure 12. Ces deux figures représentent le même muscle en contraction chez le même individu, mais à des degrés différents. — L'une (fig. 12), comme je viens de le démontrer, peint la réflexion calme, parce que la contraction musculaire est modérée. — Dans l'autre (fig. 13), on reconnaît la méditation, mais avec effort. Ces sourcils fortement abaissés, rectilignes, froncés, portés en dedans, faisant pour ainsi dire la nuit autour de l'œil, ces sourcils dont la tête se gonfle, dont l'espace intersourcilier est creusé de lignes verticales; ces sourcils, en un mot, tourmentés par la pensée, annoncent un travail laborieux de l'esprit.

ÉLECTRO-PHYSIOLOGIE PHOTOGRAPHIQUE.

Fig. 12.

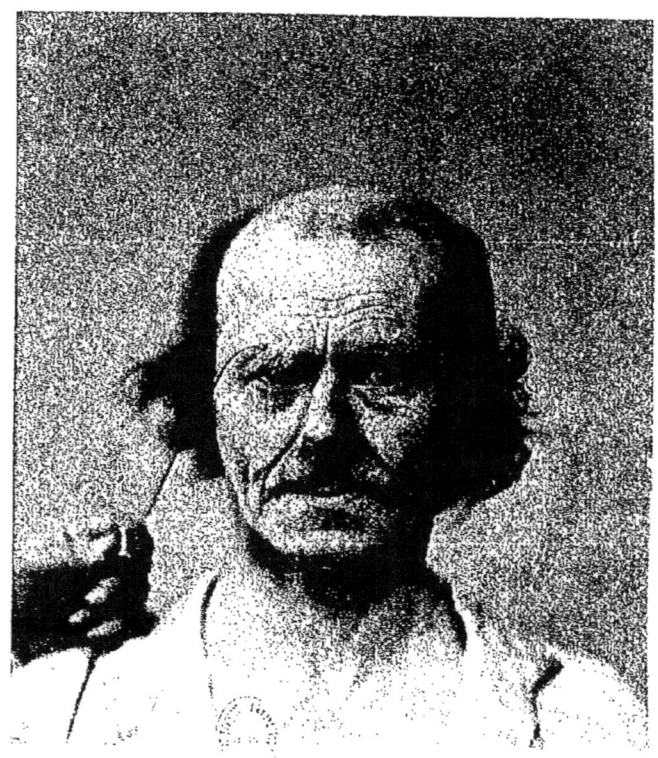

Duchenne (de Boulogne), phot.

ÉLECTRO-PHYSIOLOGIE PHOTOGRAPHIQUE.

Fig. 13.

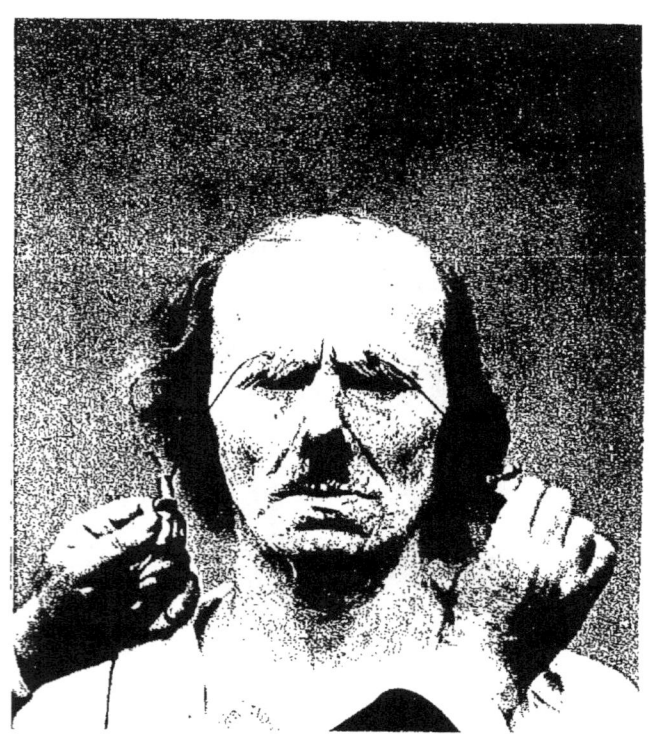

Duchenne de Boulogne, phot.

ÉLECTRO-PHYSIOLOGIE PHOTOGRAPHIQUE.

Fig. 14.

Duchenne de Boulogne, phot.

ÉLECTRO-PHYSIOLOGIE PHOTOGRAPHIQUE.

Fig. 15.

Duchenne (de Boulogne), phot.

IV

MUSCLE DE L'AGRESSION

(PYRAMIDAL DU NEZ, P, fig. 1).

Figures 16, 17, 18.

LÉGENDE.

FIG. 16. — Destinée à démontrer, par l'expérimentation électrique, que le pyramidal du nez se termine supérieurement dans la peau, au niveau de la tête du sourcil.

Contraction électrique des pyramidaux chez un jeune homme d'un caractère doux (voy. son portrait, fig. 4) : *expression de dureté*.

FIG. 17. — Destinée, ainsi que la figure 18, à l'étude du mécanisme et de l'action expressive du pyramidal du nez chez un vieillard (représenté fig. 3, 7, 8, 9, 12, 13, 14).

A droite, électrisation du pyramidal du nez : *dureté, agression*.

A gauche, *attention*.

FIG. 18. — Électrisation forte des deux pyramidaux ; *agression, méchanceté*.

EXPLICATION DE LA LÉGENDE.

A. — Mécanisme.

L'expérience représentée dans la figure 16 met en lumière un fait anatomique, ignoré jusqu'alors : *la terminaison supérieure du pyramidal du nez* (P, fig. 1) *dans la peau de l'espace intersourcilier, au niveau de la tête des sourcils*, et conséquemment la complète indépendance de ce muscle. En effet, les rhéophores ayant été posés sur la racine du nez, on voit que, chez notre sujet, la peau de l'espace intersourcilier a été attirée de haut en bas, et qu'un sillon transversal s'est creusé au niveau de la tête du sourcil, sous l'influence de la contraction musculaire électrique. — Ce sillon n'existe pas dans la figure 4, qui représente la physionomie au repos du même individu.

Dans le point correspondant à ce sillon transversal, les rhéophores n'ont produit aucun mouvement, en d'autres termes, aucune contraction musculaire ; c'est une nouvelle preuve que ce point neutre marque la terminaison réelle du pyramidal du nez.

Immédiatement au-dessous de la ligne tracée par ce sillon transversal intersourcilier, les rhéophores ont tiré la peau de bas en haut, en sens inverse du pyramidal ; ce qui démontre que ce dernier muscle est non-seulement indépendant du frontal, mais qu'il est aussi son antagoniste.

Pour faire comprendre toute l'importance des faits précédents, je rappellerai ici que les anatomistes avaient professé jusqu'à ce jour que les pyramidaux sont la continuation du frontal, dont ils constituent les piliers. M. Ludovic Hirschfeld, guidé par mes expériences, a constaté par la dissection, que le point de séparation du pyramidal et du frontal, dont la découverte est due à l'exploration électro-musculaire, et que j'ai appelé point neutre, est constitué par une intersection aponévrotique. Elle est indiquée dans la figure 6.

Lorsque la peau du front située au-dessus de l'espace intersourcilier cède facilement à l'action du pyramidal, on ne voit plus le sillon transversal qui indique la terminaison supérieure et cutanée de ce muscle se dessiner d'une manière aussi prononcée que chez le sujet de la figure 16.

Ainsi, chez le vieillard représenté dans les figures 17 et 18, la peau du front, qui est très mobile, a été considérablement abaissée par la contraction électrique de ses pyramidaux, et la peau de la racine du nez, refoulée en bas, s'est sillonnée de plusieurs plis transversaux.

On remarque enfin, sur les figures 16, 17 et 18, que la tête du sourcil est d'autant plus attirée en bas par le pyramidal, que la peau du front a obéi davantage à l'action de ce dernier. Il en résulte que le sourcil ne décrit plus alors sa courbe naturelle ; que sa moitié interne a une direction oblique de dehors en dedans et de haut en bas, et enfin que la peau de la partie médiane du front est nécessairement tendue et lisse.

B. — Expression.

Si faiblement que le pyramidal du nez exerce son action sur la tête du sourcil et sur l'espace intersourcilier, on le voit toujours donner de la dureté au regard le plus doux et annoncer l'agression.

On observe ce phénomène expressif dans la figure 16. Les muscles pyramidaux y sont mis en effet énergiquement en contraction, et cependant on observe que l'abaissement de la tête du sourcil est modéré, de même que le gonflement de l'espace intersourcilier.

J'ai déjà fait remarquer que, chez ce sujet, la peau de la partie médiane du front résiste à l'action des pyramidaux, au point que leurs fibres terminales supérieures ont creusé un sillon profond dans l'espace intersourcilier. — On voit que malgré la douceur habituelle de son regard (voyez son portrait à l'état de repos, fig. 4), sa physionomie a pris une expression de dureté, sinon de méchanceté, par le fait seul d'une légère action du pyramidal sur son sourcil. Mais là s'est arrêté le pouvoir du pyramidal chez ce sujet. De quelque manière que je m'y sois pris, en tourmentant ses muscles, je n'ai pu appeler sur sa physionomie une expression complète de méchanceté, de haine, comme je l'obtiens, en général, facilement par la contraction énergique des pyramidaux.

Je mentionnerai ici un autre fait curieux et qui explique le précédent. J'ai déjà dit précédemment que le sujet dont il est ici question s'est exercé à mouvoir les muscles de ses sourcils. Il en est tellement maître, que non-seulement il donne à son œil des expressions variées, mais qu'il peut les mouvoir en sens contraire. Cependant, malgré son empire sur les muscles moteurs de son sourcil, sa volonté n'exerce pas la moindre action sur ses pyramidaux. Quoi qu'il fasse, il ne peut donner à sa physionomie l'expression de la dureté, de l'agression, de la méchanceté. Ce fait s'explique par le peu de développement des muscles qui représentent cette passion, muscles qui, chez lui, n'obéissent qu'aux rhéophores, ainsi que l'expérience l'a précédemment établi.

Pour compléter l'observation de ces phénomènes, j'ajouterai que ce jeune homme est d'un caractère très doux, et que probablement, si les mauvaises passions venaient à le dominer, leur gymnastique répétée aurait bien vite développé ses pyramidaux et changé l'expression habituelle de son regard.

Revenons à notre vieillard (le sujet habituel de nos expériences), dont le caractère doux et inoffensif se reconnaît dans son portrait, fig. 3. On sait que son sourcil est très mobile en tout sens et obéit facilement à ses muscles moteurs.

On a vu dans le paragraphe précédent avec quelle puissance ce sourcil s'est abaissé en masse, comme il s'est gonflé et ridé de chaque côté, en même temps que deux lignes verticales et profondes se creusaient en dedans de sa tête. Cet ensemble de mouvements et de lignes résultait de la contraction énergique de l'orbiculaire palpébral supérieur. A l'appel de ce muscle, on a vu apparaître, à l'aide d'une forte excitation sur la physionomie, l'expression d'une pensée sombre (fig. 13), sans traces de méchanceté.

Mais à l'instant où je mets le pyramidal du nez puissamment en action, son regard devient méchant ou menaçant.

Le côté droit de la figure 17 peut servir à l'analyse de l'influence expressive et générale du pyramidal sur la physionomie, quoique l'expression de ce muscle, qui n'a été mis en action que d'un côté, soit moins complète que lorsque les deux pyramidaux sont excités simultanément.

Si l'on cache alternativement chacun des côtés de cette figure, on est frappé du contraste qui existe entre leurs expressions. A droite, où par le fait de la contraction du pyramidal l'extrémité interne du sourcil est abaissée, où le grand angle de l'œil est plus aigu et cache la caroncule lacrymale, où la racine du nez est sillonnée de plusieurs plis transversaux, on remarque que le regard a pris une expression de dureté, et cette expression modifie les autres traits du visage.

La démonstration de ce phénomène se fait en couvrant et en découvrant alternativement l'œil de ce côté. — Chez cet homme, l'expression habituelle de la bouche est bonne (voy. la fig. 3), ce que du reste on constate dans la figure 17, lorsque l'œil droit est caché; mais à l'instant où celui-ci est découvert, les lèvres semblent se pincer sous l'influence d'une pensée méchante (1). A gauche, au contraire, la physionomie est calme.

La figure 18, où les deux pyramidaux du même sujet sont mis simultanément et énergiquement en contraction, nous montre une expression de méchanceté, de haine, qui inspire de la répulsion. On a tout à craindre de ce regard ; il n'y a qu'une nature cruelle et féroce qui puisse lui donner une telle expression.

Je dois m'arrêter un instant sur un accident qui s'est produit pendant cette expérience.

On observe, sur cette figure 18, que les commissures des lèvres sont très abaissées, ce qui ajoute à l'expression propre des pyramidaux. Voici ce qui est arrivé. Les commissures de cet individu tombent naturellement (voy. fig. 3), comme chez les vieillards, en général. Abandonné à lui-même, cet abaissement est porté quelquefois très loin, comme dans cette figure 18. Ce trait habituel qui se trouve en harmonie avec sa physionomie de vieillard, ne fait que le

---

(1) Il est difficile de limiter très exactement dans un seul côté l'action propre d'un muscle aussi petit que le pyramidal. C'est pourquoi on remarque sur cette figure que l'espace intersourcilier du côté gauche est déformé par la contraction du pyramidal du côté droit. Par la même raison aussi, les lignes transversales de la racine du nez s'étendent un peu à gauche ; les rides du front du côté gauche, et surtout la première, sont attirées un peu en bas et en dedans. Si donc, sur cette figure, on veut connaître exactement l'expression normale du sujet, on doit cacher ces déformations en couvrant le côté droit de sa face, jusqu'à la naissance du sourcil gauche. Ces précautions prises, on voit que, de ce côté gauche, sa physionomie n'annonce aucune agitation intérieure, et que son regard n'a rien de dur, malgré l'épaisseur de son sourcil.

rendre plus vieux. Lorsque sa physionomie est au repos, je suis souvent forcé, pour empêcher cette chute exagérée des commissures, de réveiller son attention, ou de lui faire ouvrir et fermer alternativement la bouche avant de le photographier. J'avais négligé de prendre cette précaution pendant cette dernière expérience ; il en est résulté que ses commissures se sont trouvées plus abaissées que dans les autres figures.

L'expression de cette figure 18 étant bien caractérisée, j'en ai conservé la photographie. Elle est utile, d'ailleurs, à l'étude des contractions concordantes, pour ce qui a trait à la contraction combinée du pyramidal et du triangulaire des lèvres. Ce dernier muscle (je puis le dire par anticipation) n'exprime par lui-même que la tristesse ; mais on voit, sur cette figure, que la chute des commissures des lèvres, associée à l'action des pyramidaux, ajoute à l'expression de méchanceté propre à l'action partielle du pyramidal.

Quoi qu'il en soit, malgré l'accident qui est venu compliquer cette expérience, on peut encore, sur cette même figure, analyser l'influence expressive du pyramidal, en cachant la partie inférieure de la face, à partir de la lèvre supérieure. Est-il possible de voir un regard plus méchant ? Il annonce un instinct féroce : c'est l'œil du tigre.

ÉLECTRO-PHYSIOLOGIE PHOTOGRAPHIQUE.

Fig. 16.

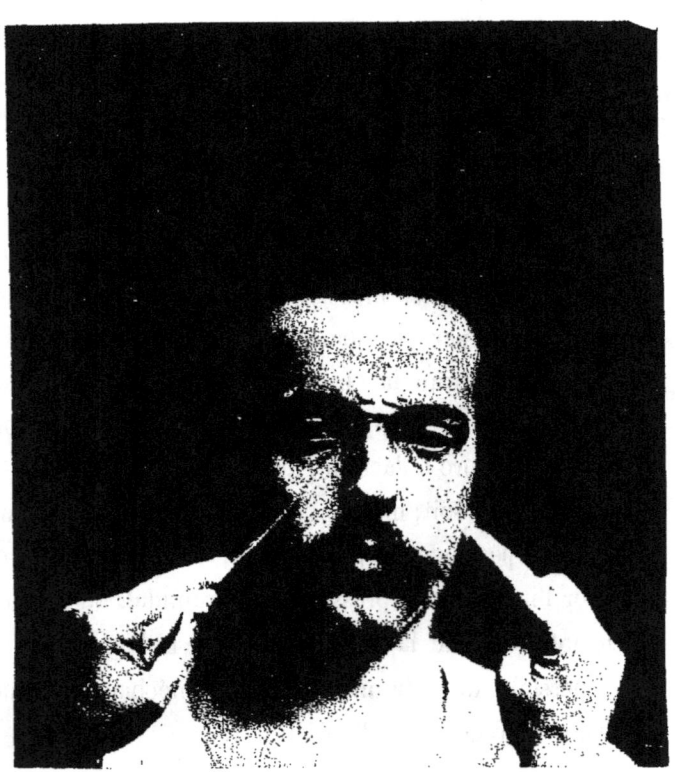

Duchenne (de Boulogne), phot.

ÉLECTRO-PHYSIOLOGIE PHOTOGRAPHIQUE.

Fig. 17.

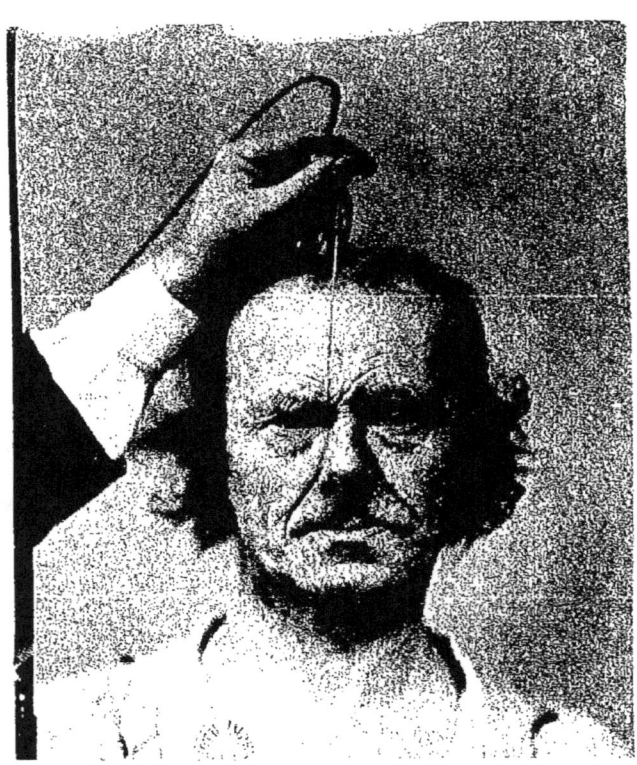

Duchenne (de Boulogne) phot.

ÉLECTRO-PHYSIOLOGIE PHOTOGRAPHIQUE.

Fig. 48.

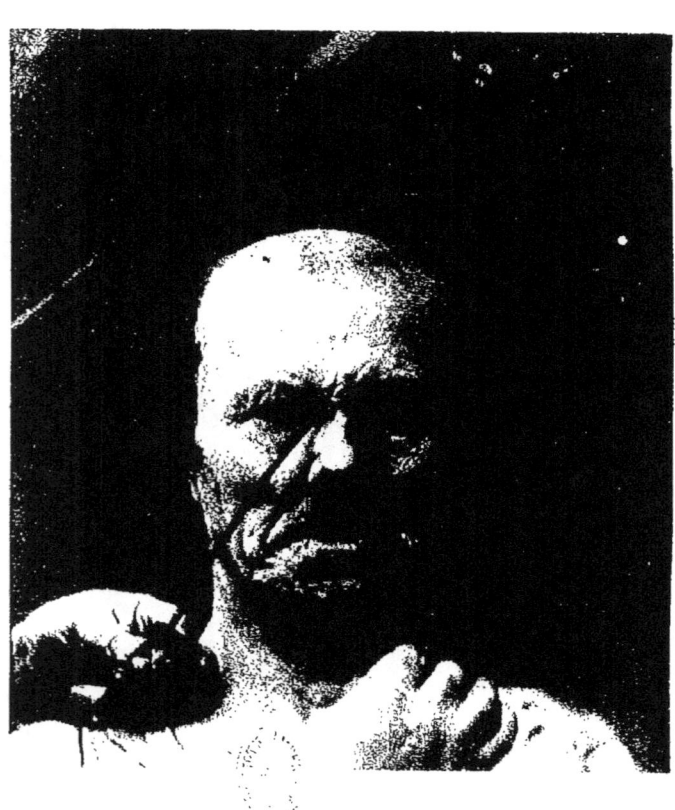

DUCHENNE (de Boulogne), phot.

ÉLECTRO-PHYSIOLOGIE PHOTOGRAPHIQUE.

Fig. 18.

Duchenne (de Boulogne), phot.

V

MUSCLE DE LA DOULEUR

(SOURCILIER, O, fig. 1).

Figures 19, 20, 21, 22, 23, 24, 25, 26, 27, 28, 29.

LÉGENDE.

(Regarder alternativement et comparativement l'un des côtés des figures 19, 21, 22, 24, 27 et 28 et masquer le côté opposé.)

FIG. 19. — Destinée, ainsi que la figure 20, à l'étude des lignes expressives, fondamentales et secondaires, produites par la contraction électrique modérée du sourcilier, chez un vieillard (représenté dans les figures 3, 6, 7, 8, 9, 12, 13, 14, 17 et 18).

A droite, contraction électrique du sourcilier à un degré moyen : *souffrance*.

A gauche, physionomie au repos, avec regard perdu (le côté opposé était dans cet état au moment de l'expérience).

FIG. 20. — Contraction électrique, à un degré moyen, des sourciliers : *souffrance profonde, avec résignation*.

(La physionomie était au repos au moment de l'expérience, comme dans la figure précédente ; mais la face a été éclairée de manière à jeter une ombre forte sur sa moitié inférieure.)

Fig. 21. — Destinée principalement à démontrer l'antagonisme du sourcilier et du frontal, chez le même individu.

(Au moment de l'expérience, le regard du sujet était dirigé en haut, et son front était sillonné de rides transversales dans toute sa longueur, comme du côté gauche de cette figure 21).

A droite, contraction électrique modérée du sourcilier et regard en haut : *souvenir douloureux*.

A gauche, contraction volontaire du frontal et regard en haut : *souvenir* et *appel à la mémoire*.

Fig. 22. — Destinée à démontrer, chez le même sujet, qu'au delà d'un certain degré de contraction, et dans certaines conditions, le sourcilier n'est plus expressif.

A gauche, contraction électrique au maximum du sourcilier : *pas d'expression douloureuse*; apparence seulement d'un spasme du sourcilier, sous l'influence d'une vive lumière.

A droite, repos de la physionomie (photographiée en plein soleil).

Fig. 23. — Destinée à l'étude des lignes expressives propres à l'action du sourcilier à un degré modéré, chez un jeune sujet (représenté dans les figures 4, 15 et 16).

Contraction volontaire, à un degré moyen, des sourciliers et regard en haut : *souvenir douloureux* ou *pensée douloureuse*.

Fig. 24. — Destinée à l'étude de la contraction volontaire à un degré plus fort que dans la figure 23, chez le même sujet vu de face, et dont l'œil est tourné obliquement en haut et de côté, comparativement à la contraction du frontal, avec le même mouvement de l'œil.

A gauche, contraction volontaire du sourcilier à un degré plus fort que dans la figure 23 ; regard en haut et en dehors, bouche entr'ouverte : *douleur extrême* jusqu'à l'épuisement ; le sujet paraît succomber à la souffrance : *tête de Christ*.

A droite, contraction volontaire du frontal, avec regard un peu oblique en haut et en dedans et avec bouche un peu entr'ouverte : *souvenir d'amour* ou *regard extatique*.

Fig. 25. — Destinée à montrer, chez le même sujet vu de profil, la contraction spasmodique du sourcilier.

Contraction spasmodique très forte des sourciliers, produite par l'impression d'une vive lumière : *pas d'expression douloureuse*.

Fig. 26. — Destinée, ainsi que la figure suivante, à l'étude des rides frontales médianes qui sont produites par la contraction du sourcilier, chez une femme âgée de cinquante-deux ans, représentée dans la figure 11, et dont la peau est fine ou brûlée par l'air et par le soleil.

A droite, contraction électrique moyenne du sourcilier, avec regard latéral; expression d'*attention douloureuse*.

A gauche, contraction volontaire et légère du frontal, avec regard un peu latéral : *attention, regard attentif*.

Fig. 27. — Même expérience que dans la figure précédente; mais, dans celle-ci, la contraction électrique du sourcilier gauche est plus forte et l'expression est proportionnellement plus douloureuse.

Fig. 28. — Destinée à l'étude des lignes expressives fondamentales, produites par la contraction légère du sourcilier, chez une petite fille âgée de six ans (représentée antérieurement dans les fig. 5 et 10).

A droite, contraction électrique légère du sourcilier : *douleur*.

A gauche, abaissement spasmodique du sourcil en masse, occasionné par l'impression de la lumière.

Fig. 29. — Contraction électrique plus forte du sourcilier, avec regard en haut, chez une petite fille âgée de huit ans : *souvenir douloureux*, expression peu naturelle à cet âge.

EXPLICATION DE LA LÉGENDE.

(L'action du sourcilier est si peu connue, ce muscle joue un rôle si important dans l'expression de la physionomie, l'application pratique des notions nouvelles qui sont mises en lumière par son étude électro-physiologique est tellement importante, que j'ai dû consacrer à l'étude de ce muscle un plus grand nombre de figures que pour celle des muscles moteurs du sourcil.)

A. — Mécanisme.

Le sourcilier (O, fig. 1), recouvert par l'orbiculaire supérieur, ne peut être excité que par l'intermédiaire de son filet moteur, en dehors des fibres les plus excentriques de l'orbiculaire supérieur, filet qui vient du palpébral supérieur, et qui est sous-cutané dans deux points (voy. I, fig. 2). On voit que le rhéophore est appliqué au niveau du premier point dans les figures 19, 20, 21, 22, et au niveau du second dans les figures 26, 27, 28, 29.

La figure 28 représente le premier degré de contraction du sourcilier droit chez une petite fille âgée de six ans. On remarque que la tête de son sourcil s'est gonflée et s'est élevée légèrement.

Chez l'adulte, ce mouvement est le même, mais un peu plus accentué.

Sur la figure 19, le sourcilier droit est mis énergiquement en action chez le vieillard qui sert habituellement à mes expériences (voy. son portrait, fig. 3). De ce côté on remarque : 1° que la tête du sourcil s'est gonflée et s'est élevée davantage en formant un relief qui se prolonge un peu sur le front ; 2° que ce sourcil est devenu oblique de haut en bas, et de dedans en dehors, en décrivant une ligne sinueuse composée de deux courbes, l'une interne, à concavité supérieure, et l'autre externe, à concavité inférieure ; 3° qu'il s'est développé plusieurs plis cutanés transversaux sur la partie médiane du front, du côté électrisé, et qu'en dehors de ces plis, la peau s'est tendue au-dessus de la moitié interne du sourcil ; 4° enfin qu'au-dessous du sourcil, la peau est tendue au niveau de la tête du sourcil et dans l'espace intersourcilier, tandis qu'elle est refoulée en bas dans la partie qui correspond à ses deux tiers externes.

Ces lignes, ces reliefs et ces méplats sont plus réguliers et mieux accentués dans la figure 20, où le sourcilier est mis en contraction de chaque côté. Ici les sillons médians du front se rejoignent, et décrivent au centre une petite courbe à concavité supérieure ; enfin ils se terminent, en dehors, au niveau d'une ligne fictive verticale, qui tomberait sur la réunion du tiers interne du sourcil avec son tiers moyen.

Ces sillons sont au nombre de quatre sur la figure 20 ; mais chez la femme qui est représentée dans les figures 26, 27, les lignes médianes du front sont plus nombreuses. — J'en ai compté jusqu'à huit à dix, lorsque j'ai fait contracter énergiquement ses deux sourciliers à la fois. C'est ce qui arrive chez les sujets âgés dont la peau est très fine ou a été exposée longtemps à l'air et à l'insolation, comme chez la femme dont il vient d'être question (elle est Romaine, et elle a séjourné longtemps à Naples).

Dans ce cas, on le conçoit, ces lignes médianes du front sont plus rapprochées les unes des autres, et sont entrecoupées souvent par des petites rides qui vont obliquement de l'une à l'autre. Pendant le repos musculaire, le front, chez cette femme, est sillonné dans toute sa largeur par des rides si nombreuses, qu'elles ne se sont pas effacées entièrement sur la partie externe du front, bien que le sourcilier ait été excité très fortement (voyez la fig. 27). On remarque aussi sur la figure 26, où la contraction du sourcilier est moins énergique, que ces rides frontales sont conservées.

Je dois faire observer que les petites rides verticales que

l'on observe au-dessous de l'excitateur, dans les figures 26 et 27, n'existeraient pas, si la localisation du courant avait été limitée exactement dans le filet nerveux moteur du sourcilier. Le rhéophore a touché quelques-unes des fibres les plus externes de l'orbiculaire palpébral supérieur, qui se sont contractées et ont produit ces rides.

Les figures 23, 24 et 25 nous montrent que chez l'adulte, encore jeune, les sillons médians du front produits par le sourcilier sont moins nombreux ; que les lignes n'en sont pas interrompues par de petites brisures ou rides, comme dans les figures 19 et 20. Il en existe deux sur la figure 23, où le sourcil s'est modérément contracté ; et dans les figures 24 et 25 on en distingue une troisième, mais très peu marquée, parce que la contraction de ce muscle y est plus forte. — La courbe de ces lignes médianes du front est gracieuse et plus prononcée que sur la figure 20. Les reliefs cutanés placés entre ces lignes sont plus pleins, plus arrondis, et forment avec ces lignes une sorte d'ondulation.

Chez deux petites filles âgées de six à huit ans, et représentées dans les figures 28 et 29, la contraction moyenne du sourcilier n'a pas produit de ligne médiane sur le front. Le maximum d'excitation a fait paraître chez la plus âgée un léger pli médian, que l'on verrait dans la figure 29, si elle avait été photographiée de face.

Dans toutes les figures précédentes, la direction du sourcil a été d'autant plus oblique que la contraction du sourcilier a été plus forte. On remarque, en effet, que le sourcil est plus oblique dans la figure 22 que dans les figures 19 et 20, dans la figure 25 que dans les figures 23 et 25, dans la figure 27 que dans la figure 26, enfin dans la figure 29 que dans la figure 28, et cela en raison du degré de contraction plus ou moins énergique du sourcilier. Il est cependant des sujets chez lesquels le sourcilier, même à son maximum de contraction, ne donne pas une grande obliquité au sourcil, parce que la tête de ce dernier est retenue par un muscle pyramidal puissant.

Il est ressorti des considérations exposées ailleurs, que les dispositions anatomiques du sourcilier expliquent parfaitement le mécanisme des mouvements imprimés par ce muscle au sourcil, des reliefs, des méplats et des lignes qui se développent sous son influence.

On a vu que ses fibres agissent dans des directions différentes; que les unes attirent de bas en haut la tête du sourcil, et que les autres meuvent obliquement de dehors en dedans et de haut en bas les deux tiers externes du sourcil.

D'autre part, on se rappelle que l'orbiculaire palpébral supérieur abaisse le sourcil en masse, et tend toute la peau du front placée au-dessus de lui, c'est-à-dire qu'il agit sur la tête du sourcil en sens contraire du sourcilier, tandis qu'il est congénère de ce dernier muscle pour les deux tiers externes du sourcil.

Il a été établi que le sourcilier est antagoniste du pyramidal du nez et de l'orbiculaire supérieur, pour la tête du sourcil.

Enfin, l'expérience démontre que ce muscle est également antagoniste du frontal pour le tiers externe du sourcil, et qu'il en est le congénère pour le tiers interne.

J'ai engagé mon sujet à plisser fortement la peau de son front, ce qu'il n'a pu faire sans regarder en haut; puis au moment où le frontal avait élevé ses deux sourcils en masse et plissé son front dans toute sa largeur, j'ai fait contracter son sourcilier droit. A une excitation modérée de ce muscle, le modelé du sourcil et du front n'a pas changé; mais à un haut degré d'intensité du courant, la contraction du sourcilier l'a emporté sur celle du frontal, et j'ai vu se produire à l'instant les mouvements propres à l'action du premier de ces muscles.

On voit dans la figure 24, les résultats de cette expérience. A gauche, son sourcil est élevé en masse, et la peau de son front est sillonnée de rides dans toute sa largeur par le muscle frontal. — Ce mouvement était exécuté par la volonté du sujet, et s'était produit, en conséquence, synergiquement des deux côtés. — Mais on observe, à droite, où j'ai provoqué la contraction plus énergique du sourcilier, que l'arc du sourcil est remplacé par une courbe sinueuse et oblique de haut en bas et de dedans en dehors; que la peau est sillonnée seulement sur la partie médiane, tandis qu'en se tendant en dehors, elle a fait disparaître les longues rides transversales propres à l'action du muscle frontal.

En résumé, il est démontré, d'une part, par cette dernière expérience, que des rides qui s'étendent sur toute la largeur du front ne peuvent coexister avec la direction oblique de haut en bas et de dedans en dehors, ni avec un mouvement sinueux du sourcil ; d'autre part, que l'élévation en masse de ce dernier, avec la courbe en arc décrite par lui, ne peut produire des rides limitées à la partie médiane du front.

B. — Expression.

La plus légère contraction du sourcilier, dans l'enfance, donne à la physionomie une expression de souffrance qui impressionne toujours vivement. Aussi ne peut-on regarder le côté droit de la figure 28, où ce muscle est excité faiblement chez une petite fille, sans être touché de la douleur qu'elle semble éprouver. Pour bien sentir l'expression que j'ai développée sur cette figure, il faut avoir soin d'en masquer le côté gauche. — Les sourcils de cette enfant décrivent habituellement une belle courbe, pendant le repos musculaire, à peu près comme du côté gauche de la figure 10, où le sourcil droit est cependant plus élevé qu'à l'état normal, par l'excitation électrique du frontal. Cette courbe, qui reflète l'innocence et le calme intérieur, existait au moment où j'ai commencé mon expérience, et contrastait avec le mouvement douloureux du sourcil droit. Malheureusement mon petit modèle, ne pouvant supporter longtemps la vive lumière de l'atelier, a froncé ses sourcils (comme on le voit sur son portrait, fig. 5, et du côté droit de la fig. 10) lorsqu'il a été photographiée, sans pouvoir modifier toutefois le mouvement sinueux et douloureux que j'avais donné à son sourcil droit.

Mais l'enfant oublie vite le mal; pour lui la souffrance morale n'existe pas. L'expression de la figure 29, qui peint un souvenir douloureux, une peine de l'âme, touche beaucoup moins que celle de la figure 28. C'est que l'expression de la souffrance morale n'est pas naturelle à cet âge. Elle a été obtenue, on le voit, chez une autre petite fille, par l'association du sourcilier avec les élévateurs du globe oculaire.

On reconnaît encore un souvenir pénible, une pensée pleine d'amertume, sur la figure 23. Cette expression est vraie, naturelle, chez ce jeune homme. Son regard douloureux, si constamment tourné vers le ciel, peut également indiquer que, dans sa souffrance ou dans son malheur, son âme s'élève vers Dieu, dont il implore le secours.

Sa peine est bien plus vive encore dans la figure 24, où l'on voit que sous l'influence de la contraction plus énergique du muscle sourcilier, son sourcil est devenu sinueux et plus oblique, où les reliefs et les méplats sont plus accentués. L'association de cette contraction puissante du sourcilier avec le regard un peu oblique en haut a donné naissance à une expression de douleur extrême et aiguë; mais on remarque

que ce mouvement expressif n'a eu lieu que du côté gauche, et cela sans l'intervention de l'excitation électrique.

Une explication qui fasse connaître la raison de cet étrange phénomène est ici nécessaire.

J'ai dit, je le rappelle, que ce jeune homme, représenté dans les figures 23 et 24, et dont le portrait est photographié, figure 4, s'est exercé à contracter individuellement les muscles de son sourcil, de telle sorte qu'il peut mouvoir ses sourcils en sens contraire. C'est ainsi qu'il a pu contracter d'un côté le frontal, et de l'autre le sourcilier, comme on le voit dans la figure 24. — La figure 23 prouve qu'il peut tout aussi bien faire mouvoir synergiquement ses deux sourciliers. — J'ai répété cette expérience artificiellement, c'est-à-dire qu'avec un courant électrique j'ai mis ces mêmes muscles en action ; j'ai vu alors se reproduire exactement les mouvements, les lignes et les reliefs que l'on observe dans la figure 24. Après cette explication, on comprend pourquoi et comment chacun des sourcils de cette dernière figure a exécuté un mouvement différent. Est-il besoin d'ajouter que pour bien juger l'influence douloureuse du sourcilier dans cette figure 24, il est nécessaire de masquer l'œil droit?

Les figures 26 et 27, qui, ainsi que je l'ai exposé plus haut, ont été photographiées spécialement pour l'étude des lignes ou rides médianes douloureuses du front, chez un sujet d'un certain âge et dont la peau est très fine ou brûlée par une longue exposition à l'air et à l'insolation, ces deux figures, dis-je, nous montrent une autre nuance de la douleur. La direction du regard de la femme qu'elles représentent, indique que son esprit est impressionné par une cause extérieure. Au moment où j'ai exécuté ces photographies, j'avais fixé son attention sur un point qui était placé en avant et un peu latéralement. On peut en effet constater, en masquant le côté électrisé de ces figures, que la physionomie naturelle de cette femme exprimait l'attention. Si ensuite on laisse à découvert le côté excité, on voit que l'expression de ce côté est douloureuse ; il semble que l'objet qui a attiré l'attention de cette femme l'a péniblement affectée. Ces deux figures ne diffèrent entre elles que par le degré de douleur qu'elles expriment, par la direction du regard et par la manière dont elles sont éclairées. Ainsi, dans la figure 26, où l'excitation électrique du sourcilier est beaucoup moins forte que dans la figure 27, l'expression est proportionnellement moins douloureuse.

J'ai fait contracter les deux sourcils de l'homme âgé représenté dans la figure 20, alors que sa physionomie était au repos complet, comme dans son portrait (fig. 3). On remarque que celui-ci est plus éclairé. J'ai employé le clair obscur sur cette figure 20, afin de mettre plus en lumière et en relief la région sur laquelle j'expérimentais. Il en est résulté que les deux tiers inférieurs de l'ovale facial ont été plongés dans l'ombre, sans que, pour cela, sa physionomie en ait éprouvé de modification ; elle était restée aussi calme, aussi indifférente que dans la figure 3. On peut s'en assurer, du reste, en couvrant le front et les sourcils de cette figure. Mais à l'instant où j'ai provoqué la contraction de ses sourciliers, elle a pris une expression de souffrance d'autant plus prononcée, que l'excitation a été plus forte. On constate ce fait en regardant l'ensemble de la figure 20, où la contraction des sourciliers est assez énergique.

C'est bien là en effet l'expression d'une douleur profonde. On sent, à la vue de cette figure, que cet homme est très malheureux. Son cœur est-il ulcéré? est-il tourmenté par une peine de l'âme ou par une douleur physique? C'est ce que cette expression ne peut dire. Quoi qu'il en soit, et bien que tous ses traits semblent contractés par la douleur, on voit qu'il souffre avec résignation.

C'est ici le lieu de montrer expérimentalement l'influence générale et spéciale du sourcilier sur les traits de la face.

J'ai soulevé, dans les considérations générales dont j'ai fait précéder l'étude des muscles expressifs de la face, une question qui me paraît intéresser au plus haut degré l'étude de l'expression de la physionomie. « Il est des muscles, ai-je écrit, qui jouissent exclusivement du privilége de dépeindre complétement, par leur action particlle, une expression qui leur est propre : ce sont les muscles moteurs du sourcil. »

Il n'y avait que l'analyse anatomique et physiologique des muscles de la face qui pût mettre en lumière un fait aussi imprévu ; son exactitude est déjà ressortie des expériences électro-physiologiques représentées dans les figures destinées à l'étude des autres muscles moteurs des sourcils. Il me reste à en compléter la démonstration à l'aide des figures suivantes, pour ce qui a trait au muscle de la douleur, le sourcilier.

Si l'on cache le front de la figure 20 jusqu'au-dessous du sourcil, on observe que l'expression en est nulle ou marque le repos musculaire de la physionomie, et qu'il n'existe point de différence entre les deux côtés de la face. Si ensuite on recouvre la moitié de cette même figure, il semble que tous les traits de l'autre moitié (la bouche, la ligne naso-labiale) se sont contractés douloureusement, pour se mettre en harmonie avec le sourcil et le front.

Ce mouvement général, qui s'opère, en apparence, dans les parties situées en dessous du sourcil, est plus facile encore à mettre en évidence dans la figure 21, où le muscle de la douleur a été excité des deux côtés à la fois. J'ai déjà dit que la physionomie du sujet soumis à ces expériences était au repos absolu au moment où elles ont été faites; ce que l'on a constaté en recouvrant son front et ses sourcils. Puis on a vu qu'à l'instant où le front et les sourcils de cette figure ont été mis à découvert, où l'on a pu, en un mot, l'examiner dans son ensemble, tous les traits de la face ont semblé s'agiter douloureusement.

Toutes les fois que j'ai répété publiquement cette expérience sur ce sujet, l'illusion a été telle, qu'il ne m'a pas été possible de convaincre les spectateurs qu'un mouvement général ne s'était pas opéré dans la face, en même temps que dans le sourcil. Mais ici, sur cette figure photographiée d'après nature, le doute n'est pas possible; car il serait absurde de dire que les traits peuvent ainsi se modifier sur le papier.

Ces faits deviennent encore plus évidents, lorsque l'on recouvre le front de cette même figure, après l'avoir considérée quelque temps à découvert.

J'ai fait cette expérience un très grand nombre de fois, en présence d'artistes distingués. Pour ne pas influencer leur impression, je me gardais d'en expliquer le but. En voyant ce visage dans son ensemble, ils attribuaient son expression de souffrance à une contraction générale des traits de la face. La bouche et la ligne naso-labiale attiraient avant tout leur attention. « Que cette bouche est souffrante et à la fois résignée, me disaient-ils! Et cette ligne naso-labiale, comme elle semble tirée par la douleur!... » Leur surprise était bien grande, lorsqu'il me suffisait de leur cacher les sourcils de mon sujet pour faire retomber tous ces traits dans un calme plat.

Cette expérience leur démontrait donc qu'ils avaient été dupes d'une apparence trompeuse, d'une erreur des sens. Il m'était alors facile de leur prouver que, dans cette expérience, le mouvement du sourcil seul avait troublé la tranquillité générale des traits de la face.

En résumé, sous l'influence des mouvements expressifs propres au muscle de la douleur, nous éprouvons une illusion qui tient à notre organisation, et dont j'ai essayé d'expliquer l'utilité, dans les considérations générales qui précèdent l'étude partielle des muscles moteurs de la face.

La même expérience, faite sur les autres figures où le muscle de la douleur a été excité partiellement, de manière à produire l'expression de la douleur, donne des résultats identiques.

On peut encore la faire d'une autre manière : que l'on recouvre alternativement et comparativement chaque œil, et l'on verra, du côté où le sourcilier est mis en contraction, tous les traits de la face se contracter douloureusement, en apparence.

Les figures 22 et 25 prouvent qu'il est un degré de contraction au delà duquel le sourcilier perd, dans certaines circonstances, sa propriété expressive. Ce n'est plus alors qu'un violent spasme de ce muscle, produit, par exemple, par une vive lumière. Le sujet de la figure 22 a été photographié en plein soleil ; son œil n'en paraissait pas incommodé (voy. le côté droit de cette figure 22). Si l'on en regarde le côté gauche, après avoir masqué le côté opposé, on n'y retrouve pas l'expression de la douleur, bien que son sourcilier soit électrisé partiellement. C'est ce que j'ai toujours observé, lorsque la contraction de ce muscle était forcée, comme dans cette figure, et qu'en même temps l'œil et le front étaient très éclairés.

On observe fréquemment ce spasme du sourcilier sur les

personnes qui sont gênées par une trop vive lumière. J'ai voulu représenter cette contraction spasmodique naturelle, dans la figure 25. J'avais dirigé le regard de mon sujet sur un mur éclairé par le soleil, et qui réfléchissait une lumière très vive; alors il a contracté fortement et involontairement ses sourciliers, sans qu'il pût l'empêcher : c'est dans cet état que je l'ai photographié. Comparez cette figure aux figures 23 et 24, et vous verrez qu'elle n'exprime pas la douleur, comme ces dernières; on reconnaît seulement que les sourciliers sont contractés spasmodiquement.

ÉLECTRO-PHYSIOLOGIE PHOTOGRAPHIQUE.

FIG. 19.

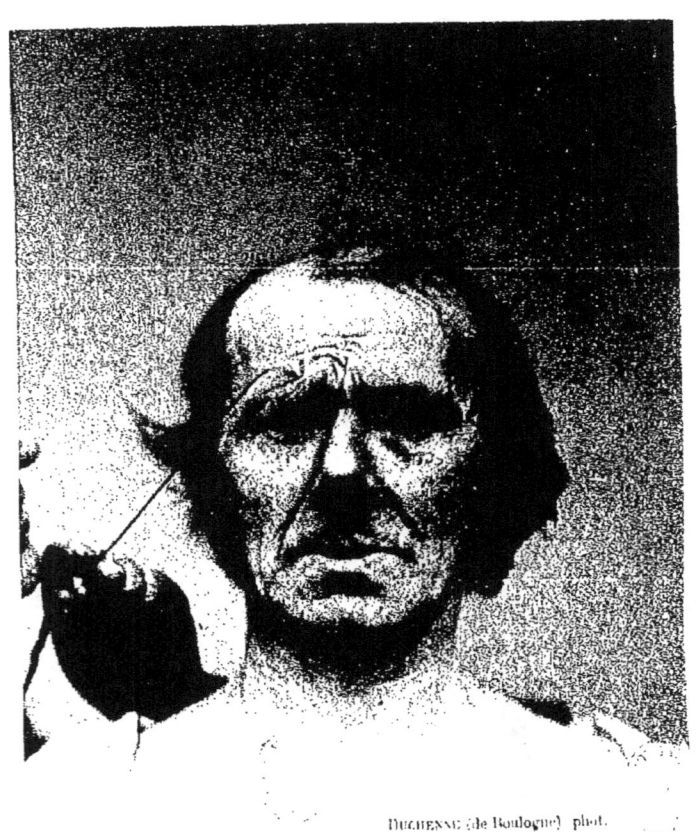

Duchenne (de Boulogne) phot.

ÉLECTRO-PHYSIOLOGIE PHOTOGRAPHIQUE.

Fig. 20.

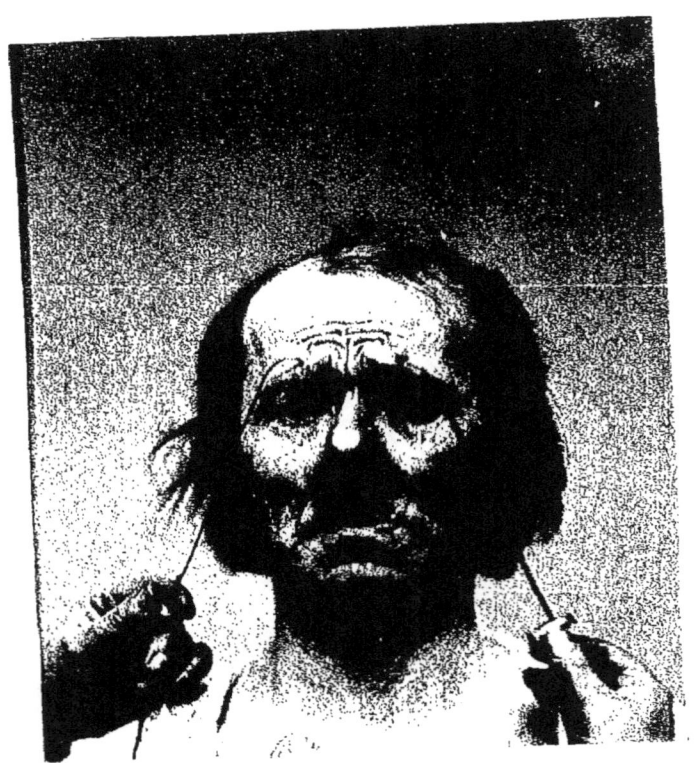

DUCHENNE (de Boulogne), phot.

ÉLECTRO-PHYSIOLOGIE PHOTOGRAPHIQUE.

Fig. 24.

Duchenne (de Boulogne), phot.

ÉLECTRO-PHYSIOLOGIE PHOTOGRAPHIQUE.

Fig. 22.

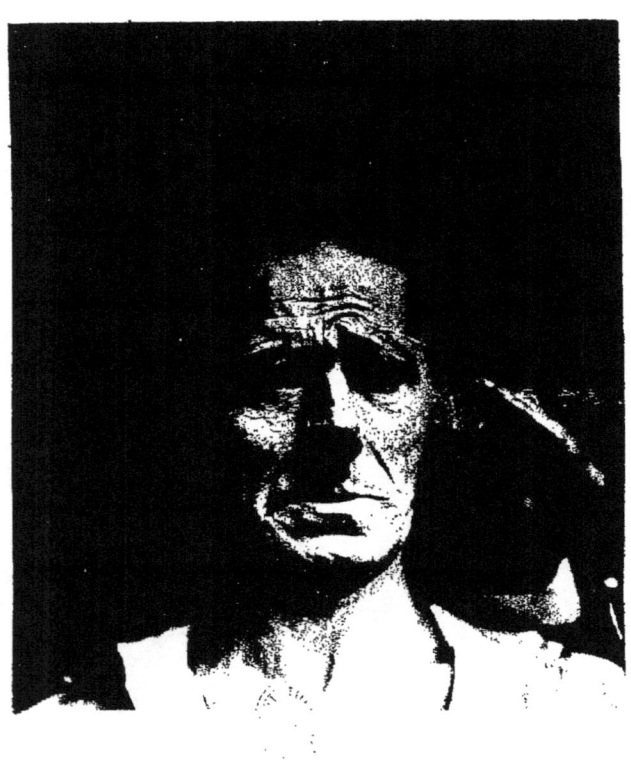

DUCHENNE (de Boulogne), phot.

ÉLECTRO-PHYSIOLOGIE PHOTOGRAPHIQUE.

Fig. 23.

DUCHANE (de Boulogne), phot.

ÉLECTRO-PHYSIOLOGIE PHOTOGRAPHIQUE.

Fig. 24.

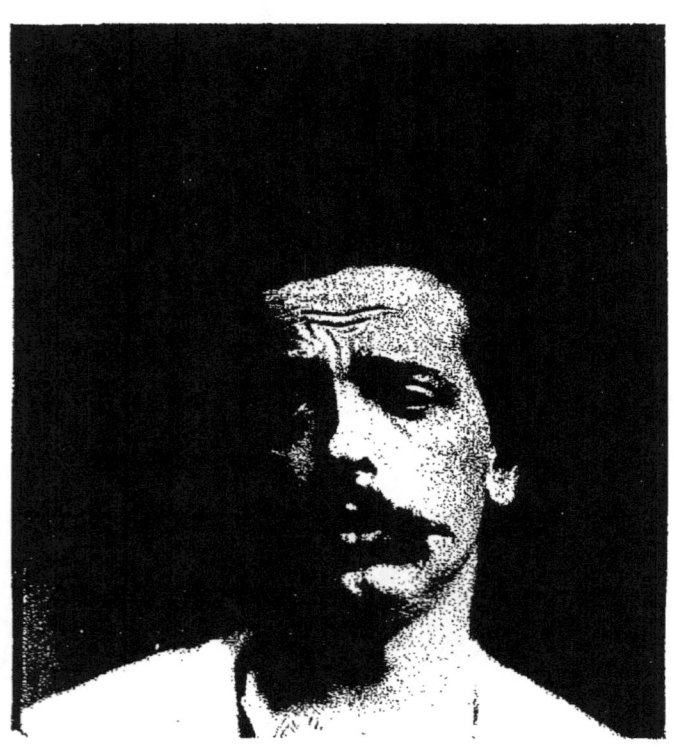

Duchenne (de Boulogne), phot.

ÉLECTRO-PHYSIOLOGIE PHOTOGRAPHIQUE.

Fig. 25.

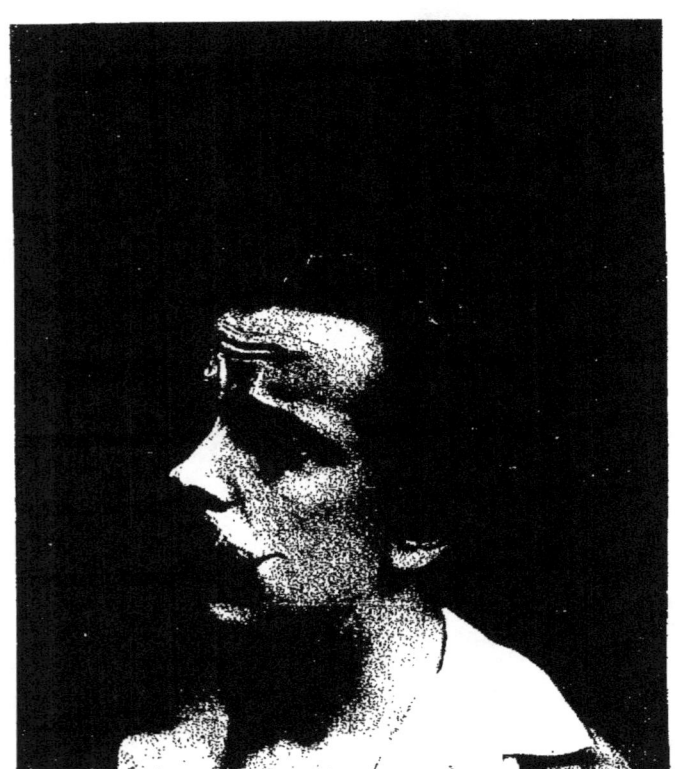

DUCHENNE (de Boulogne), phot.

ÉLECTRO-PHYSIOLOGIE PHOTOGRAPHIQUE.

Fig. 26.

DUCHENNE (de Boulogne), phot.

ÉLECTRO-PHYSIOLOGIE PHOTOGRAPHIQUE.

Fig. 27.

ÉLECTRO-PHYSIOLOGIE PHOTOGRAPHIQUE.

Fig. 28.

Duchenne (de Boulogne), phot.

ÉLECTRO-PHYSIOLOGIE PHOTOGRAPHIQUE.

Fig. 29.

Duchenne de Boulogne, phot.

VI

MUSCLES
DE
LA JOIE ET DE LA BIENVEILLANCE

(GRAND ZYGOMATIQUE ET ORBICULAIRE PALPÉBRAL INFÉRIEUR,
I et E, fig. 1.)

Figures 30, 31, 32, 33, 34, 35, 36.

LÉGENDE.

(Regarder alternativement et comparativement l'un des côtés des
figures 30, 35 et 36, et en masquer le côté opposé.)

Fig. 30. — Destinée, ainsi que la figure 31, à l'étude des lignes expressives fondamentales et secondaires, produites par la contraction du grand zygomatique chez un vieillard (représenté dans les figures 3, 6, 7, 8, 9, 12, 13, 14, 17, 18, 19, 20, 21 et 22).

A droite, excitation électrique, forte parfaitement limitée dans le grand zygomatique ; développement des lignes fondamentales et des lignes secondaires du grand zygomatique : *rire faux*.

A gauche, repos de la physionomie.

Fig. 31. — Excitation électrique un peu plus forte des deux grands zygomatiques; développement des mêmes lignes fondamentales et secondaires de la joie, avec légère contraction de quelques fibres du muscle dit sphincter des paupières : *rire faux*.

Fig. 32. — Destinée à montrer, chez le même sujet, comparativement aux figures 30 et 31, que le rire naturel vrai est constitué par l'association des grands zygomatiques et de l'orbiculaire palpébral inférieur.

Rire naturel, par la contraction volontaire des deux grands zygomatiques et de l'orbiculaire palpébral inférieur.

Fig. 33. — Destinée à démontrer, chez le même sujet, que les rides rayonnantes de l'angle externe des paupières, dues à l'action du grand zygomatique, s'effacent lorsque, en même temps que celui-ci, on fait contracter le frontal.

Électrisation, au maximum, des grands zygomatiques et des frontaux : *expression incomplète, fausse, de la surprise agréable, de l'admiration*.

Fig. 34. — Destinée à montrer, chez le même sujet, que la combinaison du muscle de la joie et de la douleur, à un certain degré de contraction, est inexpressive ou ne produit qu'une grimace.

Contraction électrique forte des grands zygomatiques et des sourciliers : *grimace*.

Fig. 35. — Destinée à l'étude des lignes expressives produites par la contraction forte et partielle du grand zygomatique chez une jeune femme. (Cette femme était triste et abattue au moment de l'expérience, ce que l'on reconnaît à l'abaissement léger de la commissure de la lèvre du côté gauche).

A droite, excitation électrique assez forte du grand zygomatique avec excitation légère des palpébraux ; développement des lignes fondamentales propres à l'action du muscle de la joie : *rire faux*.

Fig. 36. — Destinée à l'étude expressive de l'association du grand zygomatique ou du triangulaire des lèvres, son antagoniste, avec les palpébraux. (Cette femme était gênée par une trop vive lumière au moment de l'expérience, et avait contracté spasmodiquement ses palpébraux.)

A droite, électrisation du grand zygomatique associée à la contraction volontaire, légère des palpébraux : *rire méprisant*.

A gauche, excitation électrique forte du triangulaire des lèvres, associée à la contraction volontaire et modérée des palpébraux : *mépris, dégoût*.

EXPLICATION DE LA LÉGENDE.

A. — Mécanisme.

L'immersion du filet moteur (*b*, fig. 2) du grand zygomatique se fait un peu au-dessous de l'attache supérieure de ce muscle, c'est-à-dire 2 centimètres et demi à 3 centimètres en dehors et au-dessous de l'angle externe de l'œil. C'est à peu près vers ce point que mes rhéophores ont été placés dans toutes les expériences électro-physiologiques que j'ai faites sur le grand zygomatique (voy. les fig. 30, 31, 33, 34, 35, 36). — Du côté gauche de la figure 30, où les deux grands zygomatiques sont mis simultanément en action, le rhéophore correspondant au pôle négatif, qui est plus excitant que le pôle positif, a été posé au-dessous du point d'immersion du filet moteur du grand zygomatique, afin que la contraction musculaire soit égale de chaque côté.

Il m'est arrivé quelquefois de localiser exactement l'excitation dans ce muscle, comme dans le côté droit de la figure 30. Cette localisation exacte est assez difficile; car le courant électrique rencontre souvent un ou deux filets moteurs qui se rendent à un faisceau musculaire voisin, lorsqu'il est un peu trop intense ou qu'il existe une anomalie, ce qui n'est pas rare. On en voit un exemple dans le côté droit de la figure 35, où le courant a excité légèrement les palpébraux, en même temps que le grand zygomatique.

La figure 30, où l'excitation électrique est parfaitement localisée dans le grand zygomatique, montre l'ensemble des lignes fondamentales et des lignes secondaires, qui, à un âge avancé, se développent sous l'influence de la contraction énergique de ce muscle.

J'ai dit ailleurs : 1° que ces lignes fondamentales, qui se développent à tous les âges, chez le vieillard comme chez l'adulte, sont constituées par le mouvement oblique en dehors et en haut de la commissure labiale, par une courbe légère, à convexité inférieure, de la ligne naso-labiale, par le gonflement de la pommette, enfin par l'élévation légère de la paupière inférieure; 2° que les lignes secondaires sont formées par les rides rayonnantes de l'angle externe des paupières. Ces dernières n'apparaissent que chez l'adulte, d'autant plus nombreuses et plus profondes, qu'il est plus avancé en âge et que sa peau a été plus brûlée par le soleil.

Les lignes et les reliefs produits par le grand zygomatique sont complétement représentés sur la figure 31.

Cette figure 31, où l'excitation pratiquée des deux côtés à la fois est plus forte que dans la figure 30, montre les rides rayonnantes de l'angle externe de l'œil plus profondes et la convexité de la courbe naso-labiale plus prononcée.

Du côté droit des figures 35 et 36, où le grand zygomatique

est mis aussi fortement en contraction que dans la figure 30, on voit que les lignes secondaires de l'angle externe des paupières ne se sont pas montrées. C'est que la femme qui était soumise à ces expériences n'était pas encore arrivée à l'âge où ces lignes apparaissent habituellement sous notre climat.

La première ride se voit d'abord au niveau de l'angle externe de l'œil, et les autres augmentent progressivement en nombre, en longueur et en profondeur, en raison directe de l'âge, du degré de maigreur et d'autres conditions que j'ai signalées. Chez le vieillard photographié dans les figures 30 et 31, six ou sept rides rayonnantes existent de chaque côté. J'en ai compté un plus grand nombre chez d'autres sujets.

Les attaches et la direction du grand zygomatique, les conditions anatomiques de la peau, rendent parfaitement compte de la formation des lignes fondamentales et secondaires qui règnent dans les figures 30, 31 et 33. En effet, du tiraillement de la commissure labiale oblique de bas en haut et de dedans en dehors, il résulte : 1.º que l'action exercée sur la partie inférieure du sillon naso-labial fait décrire à ce dernier une légère courbe à convexité inférieure ; 2º que la peau refoulée en haut et en dehors forme un relief plus considérable au niveau de la pommette, et élève un peu la paupière inférieure ; 3º qu'au niveau de l'angle externe des paupières, la peau, très fine, se plisse et se ride à la longue, plus rapidement encore, lorsqu'elle est brûlée par l'air ou par le soleil, et lorsque le muscle est fréquemment exercé par la gaieté habituelle.

B. — Expression.

Le grand zygomatique est le seul muscle qui exprime complétement la joie, à tous ses degrés et dans toutes ses nuances, depuis le simple sourire jusqu'au rire le plus fou. — Il ne rend aucune autre expression.

La meilleure dénomination que l'on puisse tirer de son action expressive, est donc celle de *muscle de la joie*, bien qu'il ne la justifie pas complétement, lorsqu'il est mis partiellement en action.

Voyez le sujet représenté dans les figures 30 et 31 : ses grands zygomatiques sont au maximum de contraction. Au premier abord, il paraît s'abandonner au rire le plus franc, mais un moment d'attention vous fait découvrir que sa gaieté est factice; plus vous regardez cette bouche riante, plus elle vous blesse par sa fausseté. N'en accusez pas l'exagération de ce rire; car si je vous représentais le sujet souriant, la contraction partielle de ses grands zygomatiques serait aussi peu sympathique. N'en accusez pas non plus la laideur de cette face; la même expérience faite sur la figure la plus belle vous blesserait tout autant et exciterait votre défiance.

Si vous comparez ces figures 30 et 31, dont le rire est faux et menteur, à la figure 32 du même individu photographié au moment où j'avais excité sa gaieté, vous sentez qu'ici son rire est franc et communicatif. On remarque cependant, dans toutes ces figures, la même ligne courbe qui sépare les lèvres, la même sinuosité des sillons naso-labiaux, la même saillie des pommettes, les mêmes rides rayonnantes qui partent de l'angle externe de l'œil. C'est uniquement d'un mouvement particulier de la paupière inférieure que dépend la différence expressive de ces figures. En effet, cachez-en la partie supérieure jusqu'au niveau du bord inférieur de l'orbite, alors vous verrez qu'elles rient tout aussi bien les unes que les autres, et même que la figure 31 exprime la gaieté la plus folle. Mais à l'instant où l'œil est découvert, vous constatez, dans la figure 32, qu'il s'est mis en parfaite harmonie avec le mouvement des commissures labiales, pour compléter l'expression du plaisir et de la gaieté, tandis que dans les figures 30 et 31, surtout dans la première, l'indifférence de l'œil contraste, d'une manière choquante, avec le grand mouvement d'expansion joyeuse et gaie de la partie inférieure du visage.

Ce mouvement de la paupière inférieure, sans lequel toute joie ne saurait se peindre sur la face avec vérité, a besoin d'être étudié avec soin. On remarque dans la figure 32, qu'il s'est formé, à 4 millimètres du bord libre des paupières inférieures, une dépression transversale, à concavité supérieure, et qu'au-dessous de cette dépression la peau de la paupière est légèrement gonflée et fait relief, tandis qu'au-dessous de lui elle est tendue.

L'expérimentation, unie à l'observation des mouvements naturels expressifs, m'a démontré que ce modelé particulier des paupières inférieures naît sous l'influence des impressions qui affectent l'âme agréablement, et qu'il complète l'expression du sourire et du rire.

Le muscle qui produit ce relief de la paupière inférieure n'obéit pas à la volonté; il n'est mis en jeu que par une affection vraie, par une émotion agréable de l'âme. Son inertie, dans le sourire, démasque un faux ami.

La volonté peut à peine dissimuler son action, quand celle-ci est éveillée par un mouvement du cœur.

Non-seulement il égaye l'œil, et à ce titre il est le muscle complémentaire du grand zygomatique, pour l'expression du sourire ou du rire, mais encore, dans certaines circonstances, il se contracte partiellement, sous l'influence des sentiments affectueux. Il rend alors le regard bienveillant; aussi peut-on l'appeler *muscle de la bienveillance*.

Anatomiquement, je l'ai appelé *orbiculaire palpébral inférieur* (voy. E, fig. 1); il est séparé latéralement de l'orbiculaire palpébral supérieur par une intersection aponévrotique.

Tous ces faits ont été développés et démontrés dans l'article consacré à l'étude de ce muscle; j'ai dû, en raison de leur importance, les rappeler ici à l'occasion des figures précédentes.

L'orbiculaire palpébral inférieur est si difficile à électriser partiellement, que je n'ai pu le maintenir assez longtemps contracté isolément pour photographier cette expérience. Il m'est arrivé de rencontrer son filet nerveux (K, fig. 2) en excitant le grand zygomatique, comme du côté gauche de la figure 31, où l'on voit que ce muscle est contracté légèrement, ce qui donne à ce côté un rire un peu moins faux que du côté opposé. Ce muscle ne peut être suppléé, pour sa fonction expressive, par les palpébraux ; la figure 35 et mieux la figure 36 en fournissent la preuve.

Dans la première (fig. 35), le rhéophore a été posé au niveau de la partie supérieure du grand zygomatique, sur le point où doit s'immerger le nerf moteur de ce muscle ; ce dernier s'est contracté en produisant les sillons et les reliefs fondamentaux qui lui appartiennent, sans lignes secondaires, ainsi qu'on l'observe ordinairement chez les sujets de cet âge et dans les mêmes conditions. Mais on voit, en comparant les ouvertures palpébrales entre elles, que du côté droit, où l'expérience est faite, la paupière supérieure s'est abaissée et que l'inférieure s'est au contraire élevée.

Or, ce dernier mouvement indique que les muscles palpébraux se sont contractés ; ce qui ne peut avoir lieu que par l'excitation du filet moteur de ces muscles. Il m'eût été facile d'éviter ce filet nerveux et de localiser l'excitation électrique dans le grand zygomatique, comme du côté droit de la figure 30, en déplaçant le rhéophore ou en diminuant l'intensité du courant ; mais j'ai préféré photographier cette combinaison du grand zygomatique avec les palpébraux, combinaison qui a produit le *rire méprisant*.

Cette expression est mieux rendue encore dans la figure 36, parce que la contraction des palpébraux produite, on le sait, par le spasme des paupières, y est plus forte.

ÉLECTRO-PHYSIOLOGIE PHOTOGRAPHIQUE.

Fig. 30.

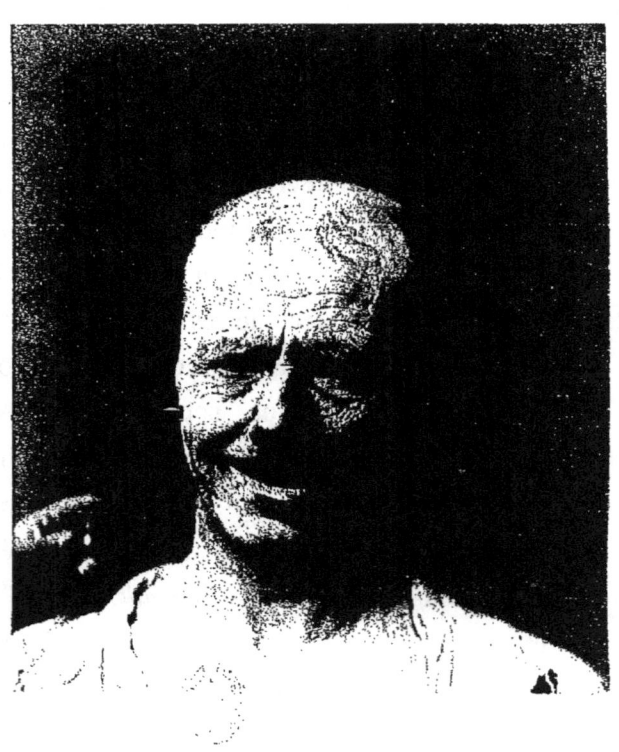

DUCHENNE de Boulogne

ÉLECTRO-PHYSIOLOGIE PHOTOGRAPHIQUE.

Fig. 31.

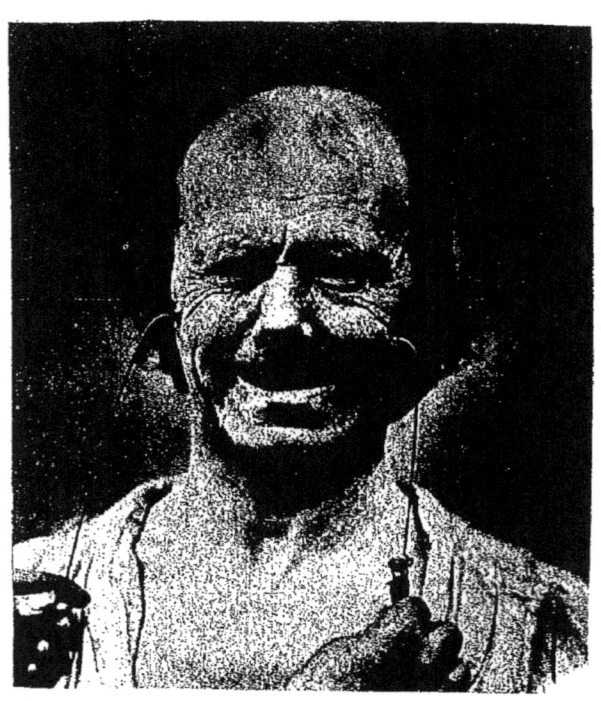

DUCHENNE (de Boulogne), phot.

ÉLECTRO-PHYSIOLOGIE PHOTOGRAPHIQUE.

Fig. 32.

ÉLECTRO-PHYSIOLOGIE PHOTOGRAPHIQUE.

Fig. 53.

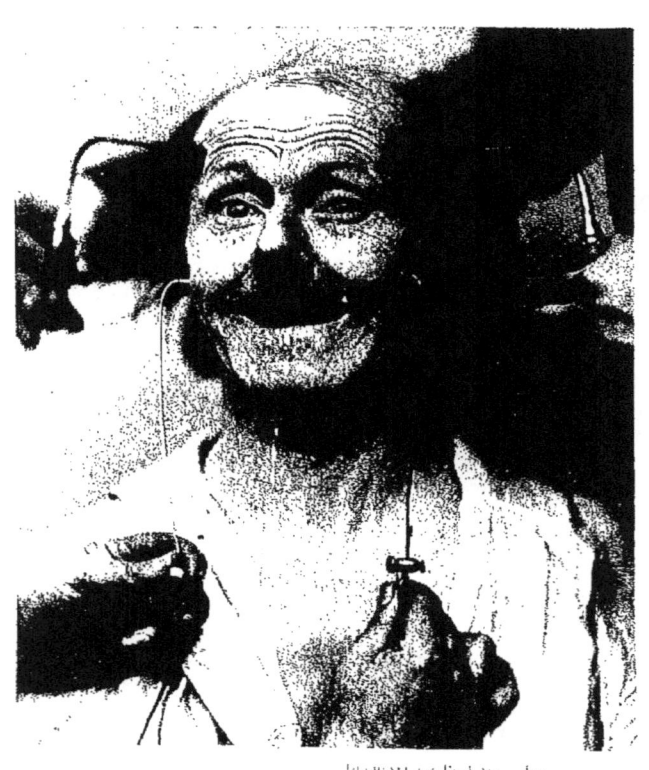

ÉLECTRO-PHYSIOLOGIE PHOTOGRAPHIQUE.

Fig. 34.

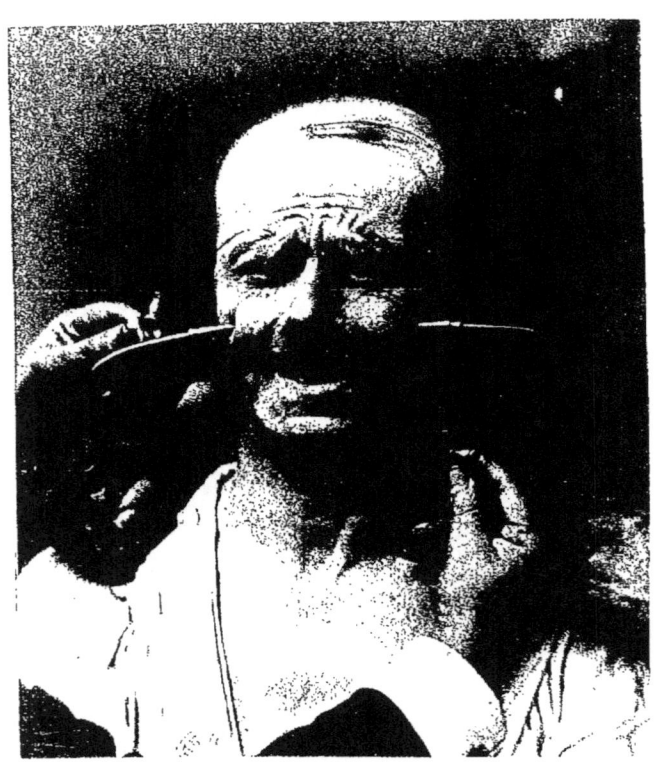

ÉLECTRO-PHYSIOLOGIE PHOTOGRAPHIQUE.

Fig. 35.

Duchenne (de Boulogne) phot.

ÉLECTRO-PHYSIOLOGIE PHOTOGRAPHIQUE.

Fig. 36.

Duchenne (de Boulogne), phot.

VII

MUSCLE DE LA LASCIVETÉ

(TRANSVERSE DU NEZ, Q, fig. 1).

Figures 37, 38, 39, 40, 41, 42.

LÉGENDE.

Fig. 37. — Portrait du vieillard vu de profil (représenté dans les figures 3, 6, 7, 8, 9, 12, 13, 14, 17, 18, 19, 20, 21, 22, 30, 31, 32, 33, 34, 35, 36).

Comparer cette figure aux figures 38 et 39.

Fig. 38. — Destinée à l'étude de la contraction partielle du transverse du nez, chez le même sujet.

Contraction du transverse du nez ; ne se produisant pas particllement pendant les mouvements expressifs naturels ; représentant, en général, l'attitude du nez, chez les sujets d'un tempérament lascif ou aux habitudes lubriques. (Il existe des variétés individuelles qui dépendent de la forme du nez.)

Fig. 39. — Destinée à l'étude de la contraction combinée du transverse du nez et du grand zygomatique, chez le même individu.

Contraction combinée du transverse du nez, du grand zygomatique et du frontal : *attention attirée par un sujet qui provoque des idées ou des désirs lascifs.*

Fig. 40. — Portrait, vu de profil, d'un homme âgé de quarante-deux ans, abruti par l'abus des boissons alcooliques ; le nez de ce sujet est aquilin.

Il doit servir, comme le précédent, à l'étude expressive du transverse du nez.

Comparez cette figure aux figures 41 et 42.

Fig. 41. — Destinée à montrer, chez le même sujet, le mouvement imprimé aux ailes du nez par le transverse du nez, et la forme que prend alors ce dernier, quand il est aquilin ; destinée également à l'étude de l'expression qu'il donne à la physionomie, lorsqu'il s'associe aux palpébraux.

Contraction électrique du transverse du nez et contraction volontaire, légère des palpébraux, de manière à maintenir les paupières entr'ouvertes : *mauvaise humeur, mécontentement.*

Fig. 42. — Destinée à montrer la grossièreté et le cynisme de l'expression lubrique, chez le même individu, dont le transverse du nez est très développé.

Contraction électrique combinée du transverse du nez et du grand zygomatique : *gaieté exprimée par des idées lubriques, cynisme, paillardise.*

EXPLICATION DE LA LÉGENDE.

A. — Mécanisme.

L'électrisation partielle du transverse du nez (Q, fig. 1) s'obtient en plaçant les rhéophores au niveau du corps charnu de ce muscle, comme dans les figures 38, 39, 41 et 42. La disposition anatomique de ce muscle rend cette expérience facile.

Les figures 38 et 41 montrent l'ensemble des lignes expressives, fondamentales et secondaires, produites par la contraction énergique du transverse du nez chez deux sujets dont la peau des parties latérales du nez se plisse ou se ride facilement. On voit que l'aile du nez est attirée obliquement en haut et en avant; que la portion supérieure du sillon naso-labial a suivi la même direction; que la narine, en s'élevant, s'est pour ainsi dire retroussée de telle sorte, que son orifice regarde en dehors, au lieu de s'ouvrir en bas; que le sillon cutané qui contourne la narine en arrière est plus accentué; enfin que la peau des parties latérales du nez s'est plissée parallèlement à la direction de l'épine nasale.

La forme générale du nez est considérablement modifiée par le transverse du nez; elle est caractéristique. Pour bien comprendre l'exactitude de la description précédente, il suffit de comparer la forme du nez au repos des figures 37 et 40, au nez mis en mouvement par le transverse du nez, dans les figures 38, 39, 41 et 42.

La partie postérieure du nez où se termine inférieurement le transverse du nez, et qui est mobile, est nécessairement attirée vers l'épine nasale, qui est le point fixe de ce muscle. Tout le monde comprend pourquoi la peau des parties latérales du nez, refoulée en haut et en avant, s'est couverte de petites rides parallèles à la direction de l'épine nasale.

Le mouvement de l'aile du nez, les lignes et les reliefs qui en sont la cause, sont beaucoup plus prononcés dans les figures 41 et 42 que dans les figures 38 et 39.

B. — Expression.

La figure 38 fait voir que la contraction partielle du grand zygomatique donne à la physionomie une expression de mauvaise humeur qui annonce l'hostilité; mais jamais ce muscle ne se contracte partiellement, et pour rendre cette expression de mécontentement, il agit de concert avec d'autres muscles.

L'expression de la figure 41, où le transverse du nez a été mis en action pendant que les paupières étaient un peu rapprochées (par les palpébraux), et alors que les commissures labiales étaient abaissées (par les triangulaires des lèvres), cette expression, dis-je, offre un mélange de mécontentement et de mépris.

L'homme qui est représenté dans cette dernière figure était un ouvrier intelligent, âgé de quarante-deux ans, mais qui avait tant abusé des boissons alcooliques, qu'il était tombé dans un délire crapuleux (*delirium tremens*). Il avait été conduit à l'hôpital, où il avait été traité avec succès par l'opium à haute dose (il avait pris un gramme d'extrait gommeux d'opium). Lorsque je fis des expériences électro-physiologiques sur sa face, il était encore sous l'influence de ce narcotique. Aussi remarquait-on, au lieu de sa gaieté habituelle, que ses traits exprimaient l'abattement; ses commissures labiales tombaient, et pour qu'il ouvrît les yeux, il me fallait réveiller fortement son attention, comme on le voit dans la figure 40 (1).

J'ai profité de cet affaissement des traits produit par l'opium, et surtout de l'abaissement de ses commissures labiales, pour étudier l'effet expressif de la combinaison du transverse du nez avec le triangulaire des lèvres. Les signes du mécontentement se sont alors dessinés beaucoup mieux que sur la figure 38; mais cette expression n'était pas encore l'imitation exacte de la nature. Je lui fis ensuite rapprocher les paupières, comme s'il était gêné par la lumière, et je répétai l'expérience précédente; alors je vis apparaître sur sa physionomie, avec une parfaite vérité, un mélange de mécontentement et de mépris : c'est cette expression électro-physiologique que j'ai photographiée dans la figure 41.

(1) Il a succombé au *delirium tremens*, dix jours après cette expérience.

Le transverse du nez s'associe aussi avec l'élévateur commun de l'aile du nez et de la lèvre supérieure pour peindre une nuance de la même expression. J'y reviendrai à l'occasion de l'étude expressive de ce dernier muscle.

Les expériences photographiées dans les figures 39 et 42 démontrent que la combinaison du transverse du nez avec le muscle de la joie (le grand zygomatique) produit l'expression du plaisir lascif, de la gaieté lubrique. C'est la fonction la plus importante du transverse du nez ; aussi l'ai-je appelé *muscle de la lasciveté, de la lubricité*.

Le vieillard représenté dans la figure 39 n'est rien moins que lascif ; il est au contraire d'un tempérament si froid, qu'il avoue que les femmes ne lui ont jamais inspiré le moindre désir : il est même fier d'avoir conservé son innocence. D'ailleurs, à l'abaissement de ses narines et à leur aplatissement, on reconnaît dans son portrait photographié (fig. 3 et 37), que le muscle expressif des plaisirs lascifs est chez lui peu développé.

Malgré ces conditions défavorables, on voit dans la figure 39 que, par l'excitation électrique de son transverse du nez, unie à celle de son grand zygomatique, il m'a été possible de peindre sur sa face une expression de plaisir lascif que la nature lui a refusée. On remarquera que j'ai mis en même temps son frontal en contraction, voulant indiquer par là que cette passion vient d'être éveillée par une cause extérieure, qu'une nudité, par exemple, attire son attention lascive. J'avais l'intention de le représenter dans une situation analogue à celle des vieillards impudiques de la chaste Suzanne; mais il m'a été impossible de lui donner, pour cela, un air assez lubrique, parce que le muscle qui représente cette passion n'était pas chez lui assez développé. Quoi qu'il en soit, ce rire gaillard et cet air égrillard contrastent singulièrement avec son rire simple habituel.

La figure 42 nous montre la gaieté lubrique sous son aspect le plus grossier. Cet homme, avant que ses traits fussent affaissés par l'opium, avait une physionomie toute différente de celle que l'on voit dans la figure 40 ; car ses traits annonçaient une gaieté habituelle, et la forme, l'attitude de ses narines décelaient un tempérament très lascif. — Les renseignements qui m'ont été donnés sur ce point m'ont appris que je ne m'étais pas trompé. — L'expérience représentée dans la figure 42 prouve que le muscle de la lubricité était très développé chez cet homme. C'est ce qui m'a permis de rappeler sur sa face les traits de cette passion brutale, traits qui avaient été momentanément effacés par le narcotisme.

ÉLECTRO-PHYSIOLOGIE PHOTOGRAPHIQUE.

Fig. 37.

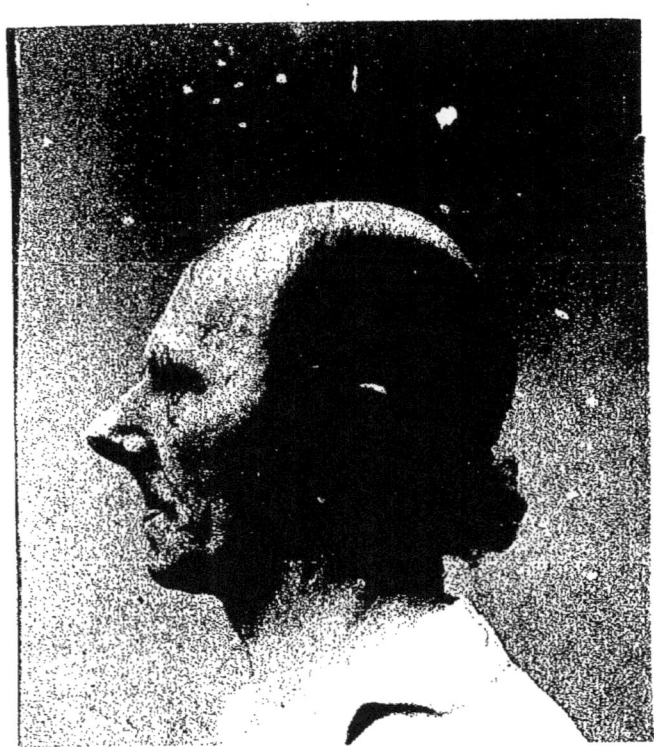

Duchenne de Boulogne phot.

ÉLECTRO-PHYSIOLOGIE PHOTOGRAPHIQUE.

FIG. 38.

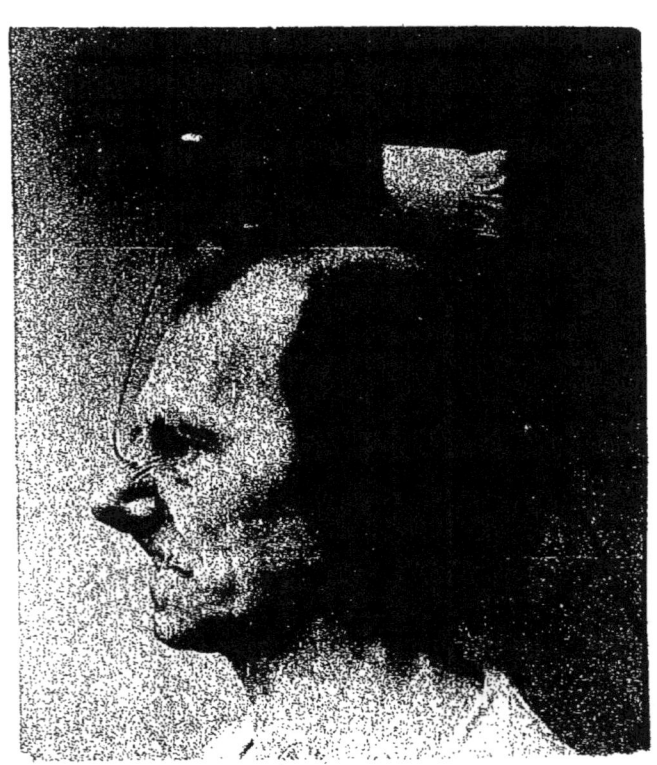

ÉLECTRO-PHYSIOLOGIE PHOTOGRAPHIQUE.

Fig. 39.

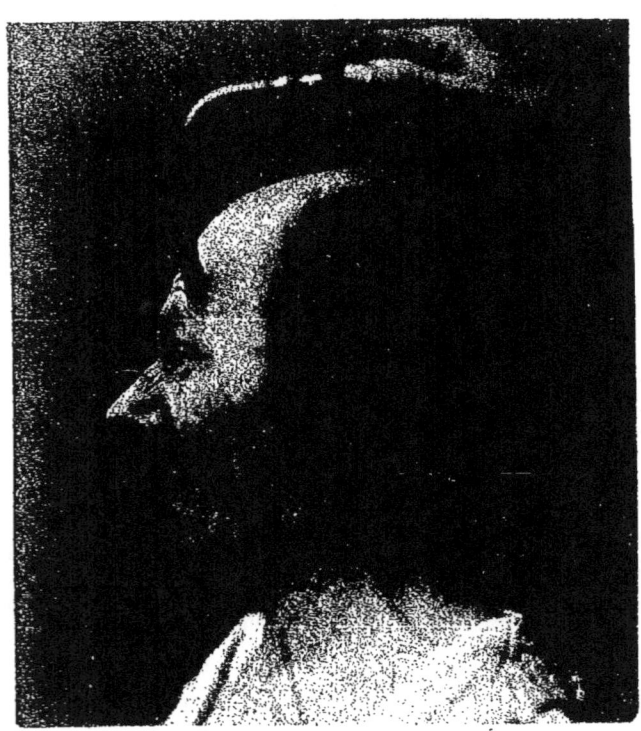

Duchenne de Boulogne, phot.

ÉLECTRO-PHYSIOLOGIE PHOTOGRAPHIQUE.

Fig. 40.

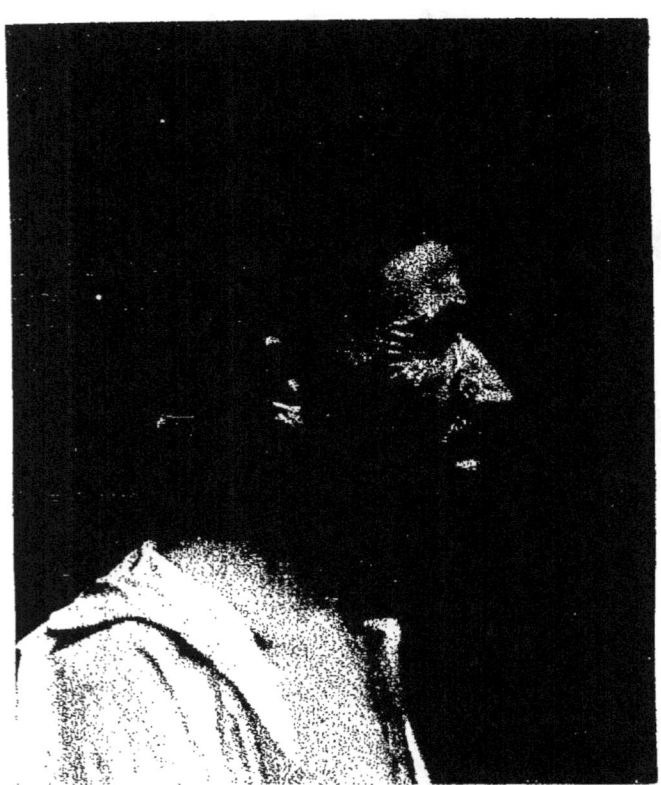

Duchenne de Boulogne, phot.

ÉLECTRO-PHYSIOLOGIE PHOTOGRAPHIQUE.

Fig. 41.

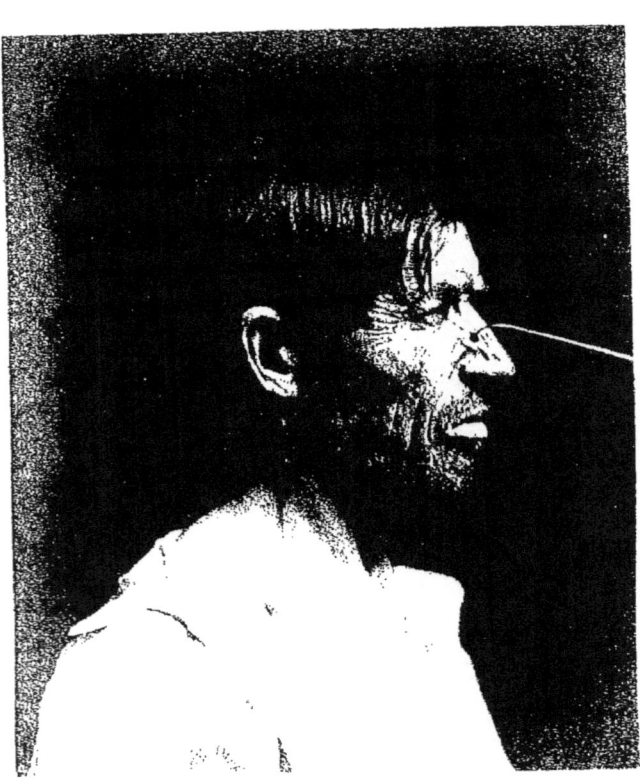

ÉLECTRO-PHYSIOLOGIE PHOTOGRAPHIQUE.

Fig. 42.

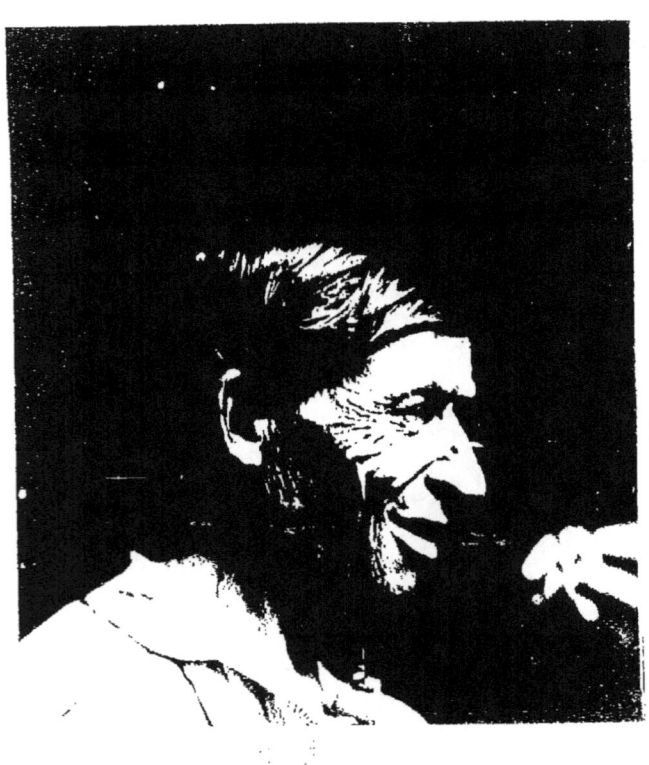

DUCHENNE (de Boulogne), phot.

VIII

MUSCLE DE LA TRISTESSE

(TRIANGULAIRE DES LÈVRES, M, fig. 1).

Figures 43, 44, 45.

LÉGENDE.

Fig. 43. — Destinée à l'étude des mouvements, des reliefs et des plis cutanés, occasionnés par l'action partielle du triangulaire des lèvres, comparativement avec le côté opposé qui est à l'état de repos, chez un vieillard (représenté dans les figures 3, 7, 8, 9, 12, 13, 14, 17, 18, 19, 20, 21, 22, 30, 31, 32, 33, 34, 37, 38, 39).

A droite, contraction électrique forte du triangulaire des lèvres : *dégoût*.

A gauche, repos de la physionomie.

Fig. 44. — Destinée à l'étude expressive des triangulaires des lèvres, au maximum de contraction, chez le même sujet.

Contraction électrique très forte des triangulaires des lèvres : *dégoût*.

Fig. 45. — Destinée à l'étude de la contraction combinée, expressive, du triangulaire des lèvres et du sourcilier, chez le même individu.

Contraction électrique forte des triangulaires des lèvres et des sourciliers : *douleur* et *désespoir*.

EXPLICATION DE LA LÉGENDE.

A. — Mécanisme.

L'électrisation partielle du triangulaire des lèvres (M, fig. 1) se pratique en posant les rhéophores, comme dans les figures 4 á, 44, 45, au niveau de leur surface (2 centimètres au-dessous et 1 centimètre en dehors des commissures labiales). Le courant ne doit pas être assez intense pour traverser l'épaisseur du muscle; car il arriverait jusqu'au rameau nerveux moteur qui anime les muscles de la houppe du menton, le carré du menton, l'orbiculaire des lèvres, et conséquemment ferait contracter tous ces muscles à la fois.

Les triangulaires des lèvres tirent les commissures obliquement en bas et en dehors. Les figures 44 et 45 montrent, en outre, qu'au maximum de contraction, le sillon interlabial décrit une courbe à concavité inférieure; que la lèvre inférieure est un peu attirée en avant, et que la ligne naso-labiale est allongée, tend à devenir rectiligne et se rapproche davantage de la verticale; que la moitié de la lèvre supérieure qui correspond au triangulaire excité, est attirée obliquement en bas et en dehors ; enfin que la narine est abaissée et un peu moins ouverte. Ce dernier fait est mis plus en évidence par la figure 43, où l'on voit que, du côté de la face qui est restée au repos, la narine est un peu plus élevée que celle du côté excité. On remarque enfin, au-dessous des commissures labiales de ces figures, des reliefs et des plis occasionnés par le refoulement de la peau, et qui sont d'autant plus prononcés et plus nombreux, que le sujet est plus avancé en âge.

B. — Expression.

On sait que les commissures labiales du sujet sur lequel la plupart de mes expériences électro-physiologiques ont été faites, sont naturellement abaissées, lorsque sa physionomie est au repos; on peut le voir, du reste, dans son portrait (fig. 3). Cette chute des commissures labiales se montre, en général, dans la vieillesse, indépendamment de toute cause morale.

Mais, dans la jeunesse, le moindre abattement des commissures labiales a lieu sous l'influence de la contraction des triangulaires des lèvres, et alors cet abaissement des coins de la bouche donne à la physionomie, si elle est au repos, une expression de tristesse et d'abattement. On en voit un exemple sur la moitié gauche de la figure 35. Chez la jeune femme que cette dernière figure représente, les commissures de la bouche étaient habituellement relevées et donnaient de la gaieté à la physionomie ; mais son caractère était très mobile, et le jour où j'ai photographié l'expérience reproduite sur le côté droit de sa face, elle était triste et abattue. Cette dernière expression se voit sur la moitié gauche de la figure 35, et l'on constate qu'elle est due seulement à un léger abaissement de sa commissure labiale gauche; en d'autres termes, à une faible contraction du triangulaire des lèvres de ce côté.

On peut comparer entre eux, sur cette figure 35, les mouvements contraires, exécutés par les commissures labiales, et apprécier l'influence énorme qu'ils exercent sur la physionomie. En effet, au moment où la tristesse de cette femme réagissait sur son triangulaire, et, par leur intermédiaire, abaissait ses commissures labiales, j'ai relevé, du côté droit, le coin de sa bouche, en excitant l'antagoniste du triangulaire droit (le grand zygomatique), et alors la joie a été rappelée artificiellement sur cette moitié de sa face.

J'ai fait l'expérience opposée chez cette même femme, alors qu'elle était dans ses jours de bonne humeur : ainsi sa bouche étant souriante, j'ai fait contracter légèrement un de ses triangulaires, et à l'instant l'abaissement de la commissure correspondante, quelque faible qu'il fût, venait altérer la physionomie de ce côté.

Cependant il est démontré par l'expérience représentée sur le côté droit de la figure 36, qu'au plus haut degré de contraction, l'action expressive du triangulaire des lèvres change complétement; qu'elle exprime alors le dégoût. Mais le spasme des paupières qui se combine avec cette expression, l'a modifiée un peu; j'y reviendrai bientôt.

La figure 44, où la contraction au maximum du triangulaire des lèvres est parfaitement limitée, convient mieux à la démonstration du fait en question. Cette physionomie exprime, en effet, un profond dégoût qui soulève le cœur ou qui indique une grande aversion.

D'autres figures exposées dans cet album démontrent, ainsi qu'on va le voir, que diverses associations de certains muscles avec le triangulaire des lèvres modifient ou changent l'action expressive de ce dernier.

Le moindre abaissement des commissures labiales (par une faible contraction des triangulaires), associé à un léger rapprochement des paupières (par les palpébraux), comme lorsqu'on est gêné par la lumière, donne au regard une expression de mépris.

Cette expression est rendue sur la moitié gauche de la figure 36. La contraction extrême (peut-être un peu exagérée et grimaçante) du triangulaire des lèvres peint cette expression à son plus haut degré et sous la forme la plus grossière; elle nous montre un mélange de mépris et de dégoût.

La chute des commissures labiales, qui, chez le sujet dont la figure 3 représente la physionomie au repos, n'est qu'un indice de vieillesse, augmente l'énergie ou étend le sens des expressions de la plupart des mouvements de son sourcil, avec lesquels elle se combine. En voici des exemples.

L'abaissement léger de ses commissures labiales rend plus sérieuse la réflexion exprimée par l'orbiculaire palpébral supérieur, sur la moitié droite de la figure 12, et s'il était à son maximum, comme dans la figure 45, cet état de l'esprit prendrait un caractère de tristesse et d'abattement.

La contention d'esprit, exprimée dans la figure 13 par la contraction assez forte de l'orbiculaire palpébral supérieur, devient, dans la figure 14, une expression de pensée sombre par la même contraction au maximum de l'orbiculaire palpébral supérieur gauche, combinée avec un léger abaissement des commissures labiales.

C'est surtout dans la figure 18 que la chute considérable des commissures ajoute à la dureté du regard, produite par la contraction du pyramidal du nez, muscle de l'agression. Il est vrai que sous la seule influence de la contraction partielle du pyramidal du nez, le regard est déjà méchant, ce dont on peut s'assurer en masquant la bouche de cette figure. Quoi qu'il en soit, l'association de cet abaissement des commissures labiales avec les pyramidaux donne à cette figure un air plus dur et plus menaçant.

Le faible abaissement des commissures labiales que l'on observe dans la figure 20 donne au sujet un air de tristesse qui sied bien à l'expression de souffrance produite par la contraction des sourciliers.

La même combinaison musculaire, représentée dans la figure 45, exprime à la fois la douleur et l'abattement : c'est l'image du désespoir.

ÉLECTRO-PHYSIOLOGIE PHOTOGRAPHIQUE.

Fig. 43.

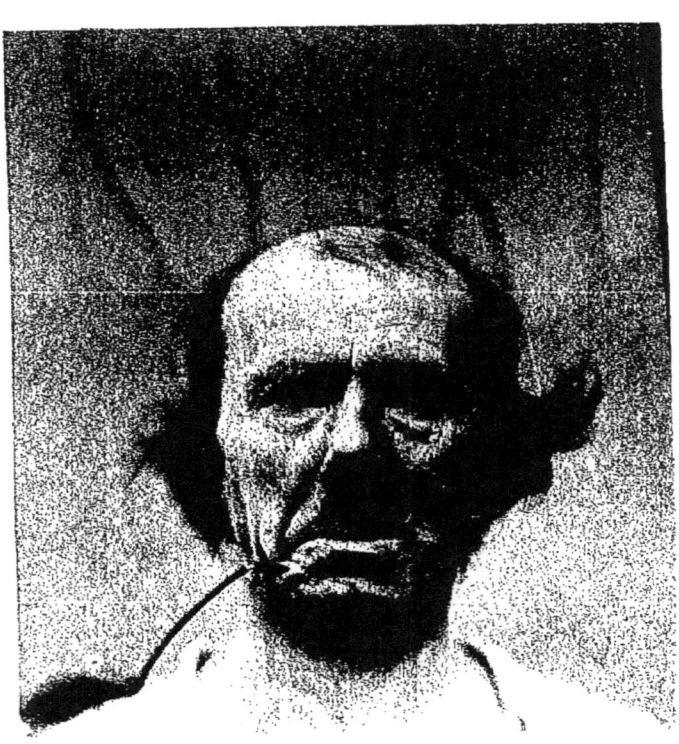

Duchenne (de Boulogne) phot.

ÉLECTRO-PHYSIOLOGIE PHOTOGRAPHIQUE.

Fig. 44.

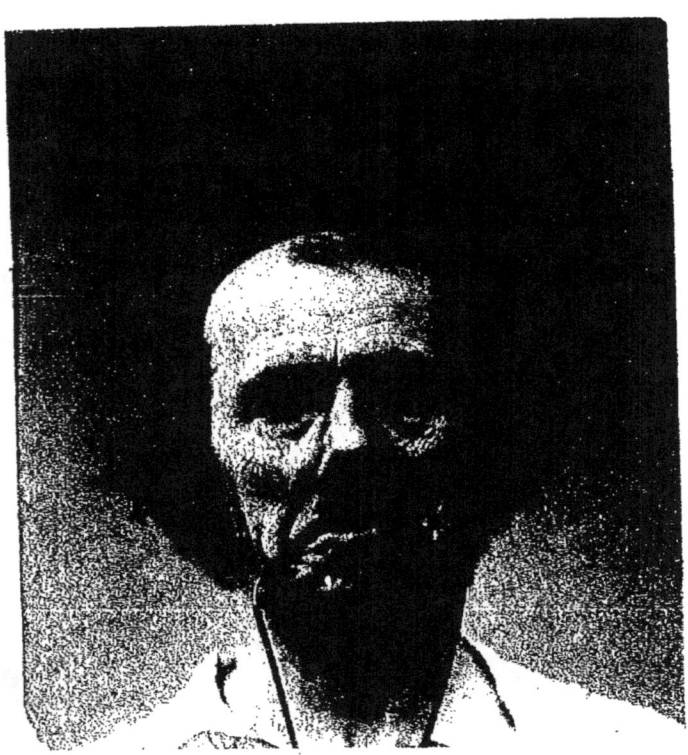

Duchenne (de Boulogne), phot.

ÉLECTRO-PHYSIOLOGIE PHOTOGRAPHIQUE.

Fig. 45.

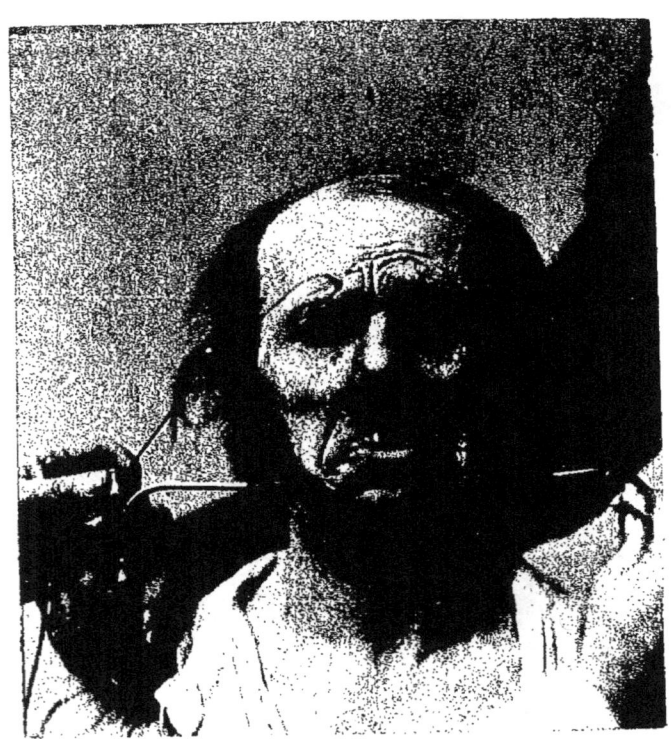

Duchenne de Boulogne ph.

IX

MUSCLES

DU PLEURER ET DU PLEURNICHER

(PETIT ZYGOMATIQUE ET ÉLÉVATEUR PROPRE DE LA LÈVRE
SUPÉRIEURE, F, H, fig. 4).

Figures 46, 47, 48, 49, 50, 51, 52, 53.

LÉGENDE.

(Regarder alternativement et comparativement chacun des côtés des figures 46, 47, 48, 49, 50 et 51, et en masquer le côté opposé.)

F<small>IG</small>. 46. — Destinée à l'étude des lignes qui caractérisent le pleurer avec attendrissement, chez un vieillard (représenté dans les figures 3, 6, 7, 8, 12, 13, 14, 17, 18, 19, 20, 21, 22, 30, 31, 32, 33, 34, 37, 38, 39, 43, 44, 45).

Excitation électrique assez forte du petit zygomatique gauche : *pleurer, larmes d'attendrissement.*

F<small>IG</small>. 47. — Destinée à étudier l'action différentielle du petit zygomatique et de l'élévateur propre de la lèvre supérieure, chez le même sujet.

A gauche, excitation électrique du petit zygomatique et contraction volontaire du sphincter des paupières : *pleurer franc, à chaudes larmes.*

A droite, excitation électrique de l'élévateur propre de la lèvre supérieure et contraction volontaire des paupières : *nuance du même pleurer*.

Fig. 48. — Destinée à l'étude comparative des lignes expressives différentielles du petit zygomatique et du grand zygomatique, chez le même sujet vu de face.

A gauche, contraction électrique du petit zygomatique : *pleurer modéré, attendrissement*.

A droite, contraction électrique modérée du grand zygomatique : *rire faux, incomplet*.

Fig. 49. — Destinée à l'étude de l'association du petit zygomatique et du sourcilier, chez le même sujet.

A gauche, excitation électrique du petit zygomatique et du sourcilier : *pleurer douloureux*.

A droite, physionomie au repos, avec regard fixe en avant.

Fig. 50. — Destinée à l'étude expressive du petit zygomatique, chez une femme jeune (représentée dans les fig. 35 et 36).

A droite, excitation électrique du petit zygomatique et du sphincter des paupières : *pleurer grimaçant*.

A gauche, physionomie au repos.

Fig. 51. — Destinée à l'étude de l'action partielle de l'élévateur commun de l'aile du nez et de la lèvre supérieure.

A droite, contraction partielle de l'élévateur commun de l'aile du nez et de la lèvre supérieure : *mécontentement, mauvaise humeur*.

A gauche, repos de la physionomie.

Fig. 52. — Destinée à montrer l'action expressive des élévateurs communs de l'aile du nez et de la lèvre supérieure, associée à l'abaissement de la lèvre inférieure par les muscles carrés du menton.

Contraction électrique des élévateurs communs de l'aile du nez et de la lèvre supérieure, et abaissement volontaire de la lèvre inférieure ; même expression que sur le côté gauche de la figure 54, mais plus prononcée.

Fig. 53. — Destinée à montrer, d'un côté, l'action expressive de l'élévateur commun de l'aile du nez et de la lèvre supérieure, combinée avec celle des palpébraux, comparativement à l'expression du grand zygomatique, du côté opposé.

A gauche, contraction électrique de l'élévateur commun de l'aile du nez et de la lèvre supérieure, et des palpébraux : *pleurnicher*.

A droite, contraction du grand zygomatique : *rire faux*.

EXPLICATION DE LA LÉGENDE.

A. — Mécanisme.

Je ferai d'abord remarquer que sur toutes les figures consacrées à l'étude du petit zygomatique, le rhéophore est appliqué au-dessus des fibres les plus externes de l'orbiculaire inférieur, c'est-à-dire 2 centimètres et demi environ au-dessous du bord libre de la paupière inférieure et au niveau d'une ligne verticale abaissée de l'angle externe des paupières. C'est justement là que se trouve la portion supérieure du petit zygomatique (voy. F, fig. 1) qui s'attache en haut, à la face externe de l'os malaire; c'est également là que s'immerge le filet moteur de ce muscle (voy. K, fig. 2).

Du côté droit de la figure 47, le rhéophore est placé à la même hauteur, plus en dedans, au niveau d'une ligne verticale fictive, qui passerait par la partie moyenne de la paupière inférieure. Dans cette région, une partie de la portion supérieure de l'élévateur propre de la lèvre supérieure (voy. G, fig. 2), et le filet moteur (voy. L, fig. 2) de ce muscle, sont sous-cutanés.

Il n'est pas toujours facile ni même possible de localiser exactement l'excitation électrique dans le petit zygomatique : l'expérience photographiée, figure 50, en est une preuve. Chez la femme que cette figure représente, il m'a été impossible de contracter le petit zygomatique, sans produire l'occlusion de l'œil par l'excitation du sphincter des paupières, bien que le rhéophore ait été, comme on le voit, placé très bas, loin de ce dernier muscle.

En voici la raison anatomique : « Le petit zygomatique naît aussi, dit le professeur Cruveilhier, par plusieurs racines dont l'*une est souvent constituée par les fibres externes du muscle orbiculaire des paupières*. Dans quelques cas, le petit zygomatique est exclusivement formé par des fibres détachées de ce muscle. Dans d'autres cas, ce muscle extrêmement grêle naît de l'os malaire par deux faisceaux, dont l'*un va former le faisceau inférieur de l'orbiculaire des paupières*. Le plus ordinairement ce petit muscle naît de l'os malaire.... » (1). On conçoit donc qu'il existe une connexion intime entre le petit zygomatique et le muscle dit sphincter des paupières, et qu'il soit impossible d'exciter le premier indépendamment du second. Et puis il y a des variétés dans la disposition et le trajet des filets nerveux qui animent ces muscles, de telle sorte que le courant dirigé sur la partie supérieure du petit zygomatique peut rencontrer le filet nerveux qui se rend au sphincter des paupières. Il est impossible de dire laquelle de toutes ces conditions anatomiques s'opposait à l'électrisation partielle du petit zygomatique, chez la femme représentée dans la figure 50.

---

(1) *Traité d'anatomie descriptive*, 3ᵉ édition, t. II, p. 225.

La figure 46 montre, du côté gauche, l'action individuelle du petit zygomatique : on voit que l'action de ce muscle a lieu obliquement de bas en haut et de dedans en dehors, et vers son attache à la face externe de l'os malaire, et qu'elle s'exerce sur la partie médiane de la lèvre supérieure et de la ligne naso-labiale. Il en est résulté qu'à ce degré de contraction, la portion du bord libre des lèvres et le sillon naso-labiale, qui correspondent au muscle excité, ont décrit une légère courbe à concavité inférieure ; que le refoulement dans la même direction, des tissus placés au-dessus de la ligne naso-labiale, a produit un gonflement de la pommette et l'élévation de la paupière inférieure qui s'est un peu rapprochée de la paupière supérieure.

Sur le côté gauche des figures 47 et 48, où le petit zygomatique est un peu moins fortement excité, la courbe décrite par le bord libre des lèvres et par la ligne naso-labiale est un peu moins prononcée que dans la figure 46. Chez ce vieillard, on voit sur la peau de la lèvre supérieure de petites rides obliques en haut et en dehors, et sur la paupière inférieure de petits plis cutanés transversaux.

Ces rides secondaires n'existent pas dans la jeunesse ; on peut constater ce fait sur la figure 50. Chez cette jeune femme, en effet, le petit zygomatique droit a non-seulement élevé la partie moyenne de la moitié droite de la lèvre supérieure, en lui faisant décrire une courbe à concavité inférieure, mais en même temps il a, pour ainsi dire, retroussé cette moitié de la lèvre supérieure, de manière à mettre à découvert une plus grande surface de la muqueuse labiale. — Les dents avaient été également couvertes; ce que l'on ne peut voir sur cette photographie, parce qu'elles étaient dans l'ombre. — Le mécanisme de ce mouvement est parfaitement expliqué par le mode de terminaison labiale du petit zygomatique. Je rappellerai ici cette disposition anatomique.

Dès que ce muscle a atteint la lèvre supérieure et le côté externe de l'élévateur propre, ses fibres charnues deviennent pâles et *cessent d'être contractiles par l'excitation électrique*. Puis croisant la direction de l'orbiculaire des lèvres qu'elles recouvrent, elles se continuent avec celles de l'élévateur propre presque jusqu'au bord libre des lèvres et se terminent dans la peau. On conçoit donc que l'attache inférieure mobile du petit zygomatique se faisant au bord libre de la peau de la lèvre supérieure, ce muscle ait une tendance à retrousser celle-ci en l'élevant. Pour que ce retroussement ait lieu, les lèvres ne doivent pas être minces, comme chez le vieillard représenté dans les figures 46, 47, 48, 49. Chez lui, au contraire, elles ont une tendance à se retrousser en dedans, par le fait de l'absence des dents. Il faut que les lèvres aient une certaine épaisseur, ainsi qu'on l'observe chez les enfants en général; leurs lèvres, on le sait, se renversent en avant et se retroussent pendant le pleurer.

La figure 50 ne donne pas une idée parfaite de ce mouvement particulier des lèvres, que j'ai très souvent obtenu en faisant contracter le petit zygomatique sur de jeunes sujets et même sur des adultes, que je regrette de n'avoir pu réussir à photographier exactement.

Le côté droit de la figure 47, où l'élévateur propre de la lèvre supérieure est excité, montre que l'action de ce muscle est à peu près la même que celle du petit zygomatique ; seulement on observe que l'action qu'il exerce sur la lèvre supérieure et sur la ligne naso-labiale a une direction moins oblique en dehors, et qu'il élève un peu la narine de son côté, mais sans en agrandir l'ouverture.

Chez les sujets jeunes et aux lèvres épaisses, ce muscle retrousse aussi la lèvre supérieure. Le mécanisme de cette action de l'élévateur de la lèvre supérieure s'explique parfaitement par la disposition anatomique de ce muscle que j'ai rappelée ci-dessus, en exposant celle du petit zygomatique.

Dans les expériences représentées sur les figures 51, 52 et 53, le rhéophore a été appliqué au niveau de la portion supérieure de l'élévateur commun de l'aile du nez et de la lèvre supérieure (H, fig. 1), vers le point d'immersion du filet moteur (L, fig. 2) de ce muscle.

On voit que l'aile du nez s'est élevée et a entraîné avec elle l'extrémité supérieure de la ligne naso-labiale, qui s'est allongée en devenant moins oblique, et que la portion externe de la lèvre supérieure a été attirée en haut, suivant la direction de l'élévateur commun de l'aile du nez et de la lèvre supérieure.

Sur le côté droit de la figure 51, l'électrisation est parfaitement localisée dans ce dernier muscle. Aussi n'y voit-on pas les plis cutanés qui se sont formés sur la partie gauche du nez des figures 52 et 53, où le courant électrique, plus fort, a excité à la fois le filet nerveux du transverse du nez et celui de l'élévateur commun de l'aile du nez et de la lèvre supérieure.

B. — Expression.

Les expériences électro-physiologiques représentées par les figures photographiées dont on a lu précédemment la légende démontrent toutes que le petit zygomatique dont on avait fait jusqu'à ce jour l'auxiliaire ou le congénère du grand zygomatique, pour l'expression de la joie et du rire, est au contraire un muscle du pleurer.

La contraction bien isolée de ce muscle, telle que je l'ai obtenue du côté gauche de la figure 46, trahit une émotion qui produit la sécrétion des larmes; du moins, je n'ai jamais vu de larmes couler par une cause morale, sans que ce muscle entrât en action. Cette expression d'attendrissement contraste avec la fermeté des traits et du regard du côté opposé. — J'avais provoqué cet air de résolution chez le sujet, en fixant son regard en face de lui et en lui faisant écarter largement ses paupières. On sent cependant, à la vue du côté gauche de cette figure, que les larmes, qui semblent produites par une émotion, ne doivent pas encore couler abondamment, qu'elles ne font qu'humecter les paupières. Telle est l'expression d'attendrissement que l'on observe au théâtre sur des spectateurs émus par une scène pathétique.

On remarque que sur la moitié gauche des figures 46 et 47 la même expression d'attendrissement augmente graduellement : les larmes, qui dans la figure 46 paraissent contenues, coulent de plus en plus abondamment dans la figure 47. Ici le sujet pleure franchement. Ce n'est pas que la contraction du petit zygomatique y soit plus forte, j'ai déjà dit au contraire qu'elle était moindre que dans la figure 46 ; c'est parce que la contraction du sphincter des paupières y est associée à celle du petit zygomatique.

J'ai fréquemment suivi avec attention, chez un même individu et surtout chez l'enfant, cette gradation de l'expression du pleurer ; j'ai toujours vu les larmes s'annoncer par l'action partielle du petit zygomatique, et le pleurer franc se montrer avec l'association de ce muscle et du sphincter des paupières.

Du côté droit de la figure 47, où l'élévateur propre de la lèvre supérieure est contracté en même temps que le sphincter des paupières, le sujet semble s'abandonner plus entièrement à son émotion ; il pleure plus franchement que du côté gauche. Quoi qu'il en soit, on voit que les lignes expressives (la courbe de la ligne naso-labiale, le mouvement de la lèvre supérieure et le relief de la pommette) produites par ces deux muscles (l'élévateur de la lèvre supérieure et le petit zygomatique) ont entre elles beaucoup de ressemblance. — J'ai dit précédemment, en traitant du mécanisme de ces mouvements, en quoi ces lignes différaient entre elles.

Enfin le côté gauche de la figure 53 nous montre le plus disgracieux de tous les pleurers : le *pleurer à chaudes larmes*, le *pleurnicher*. Ce pleurer est ridicule chez l'adulte, aussi n'ose-t-il s'y abandonner entièrement. C'est le pleurnicher des enfants, celui qu'ils emploient lorsqu'ils veulent que l'on s'attendrisse ou qu'on leur cède.

Le muscle qui produit le pleurer à chaudes larmes, le *pleurnicher*, est l'élévateur de la lèvre supérieure et de l'aile du nez (voy. B, fig. 1); mais on n'obtient cette expression qu'en le faisant contracter synergiquement avec le sphincter des paupières, comme dans le côté gauche de la figure 53. —

Les figures 51 et 52 prouvent que partiellement, ou sans le concours du *sphincter des paupières*, *l'élévateur commun de l'aile du nez et de la lèvre supérieure* ne possède plus le pouvoir d'exprimer le *pleurer à chaudes larmes*. Il offre alors les traits du mécontentement. Le côté droit de la figure 51, où ce muscle est mis partiellement en action, peint l'expression de la mauvaise humeur, représente un fâcheux qui trouve tout mauvais. Le plus haut degré de cet état désagréable d'un esprit hargneux se peint mieux encore dans la figure 52, où l'action de l'élévateur commun de l'aile du nez est combinée avec celle du carré des lèvres (voy. X, fig. 1), qui tire la lèvre inférieure en bas et en dehors, en la renversant.

Les différents degrés ou nuances du pleurer, exprimés par les figures 46, 47 et 48, sont en général l'indice du chagrin ou de l'affliction; mais ces figures peignent également une expression d'attendrissement provoqué, ainsi que je l'ai dit, par une scène pathétique : les larmes qui coulent alors ne sont certes pas des larmes de douleur. Elles sont même produites, dans certaines circonstances, par l'émotion du plaisir. Ne sait-on pas, en effet, que la nouvelle d'un grand bonheur peut faire couler les larmes, et ne dit-on pas que l'on pleure de joie?

Ces larmes faciles annoncent une grande faiblesse de caractère. On les observe aussi à la suite de certaines affections du cerveau : dans ce cas, les larmes et tous les degrés du pleurer sont excités indifféremment par la plus légère impression de plaisir ou de peine, alors même que l'intelligence est restée intacte.

Tout récemment encore, je donnais des soins à un homme d'une grande intelligence, fondateur et directeur d'une usine considérable : il avait été frappé d'une apoplexie très légère; ses facultés intellectuelles étaient restées intactes, mais son caractère, jadis très ferme, s'était tellement affaibli, qu'il pleurait à tout propos, lorsqu'il éprouvait des sensations agréables, comme sous l'influence d'impressions contraires. A la vue d'un ami ou d'une personne qui lui plaisait, sa bouche et son œil souriaient d'abord; mais aussitôt la courbure de la ligne naso-labiale donnait à sa physionomie l'expression du pleurer, la contraction du petit zygomatique avait remplacé celle du grand zygomatique, et ensuite ses yeux se remplissaient de larmes. Il en sentait le ridicule, et, malgré tous ses efforts, il en venait à pleurer à chaudes larmes, comme dans le côté gauche de la figure 53, après avoir passé par tous les degrés du pleurer, que j'ai représentés dans les figures 46 et 47.

Ces expressions du pleurer provoquent souvent le rire, tant elles donnent à l'homme un air niais et ridicule.

Cependant on ne saurait se défendre d'un mouvement de compassion à la vue de l'affliction exprimée sur le côté gauche de la figure 49, parce qu'ici on sent que le sujet doit être tourmenté par une douleur aiguë et profonde qui lui arrache des larmes. C'est ainsi que l'homme pleure l'être aimé qu'il a perdu : une mère, un enfant ; — c'est ainsi que pleure le *Laocoon* (de Rome). — J'ai produit cette expression du *pleurer douloureux* sur la figure 49, par la combinaison du petit zygomatique avec le sourcilier, expression qui contraste avec la fermeté des traits du côté opposé.

ÉLECTRO-PHYSIOLOGIE PHOTOGRAPHIQUE.

FIG. 46.

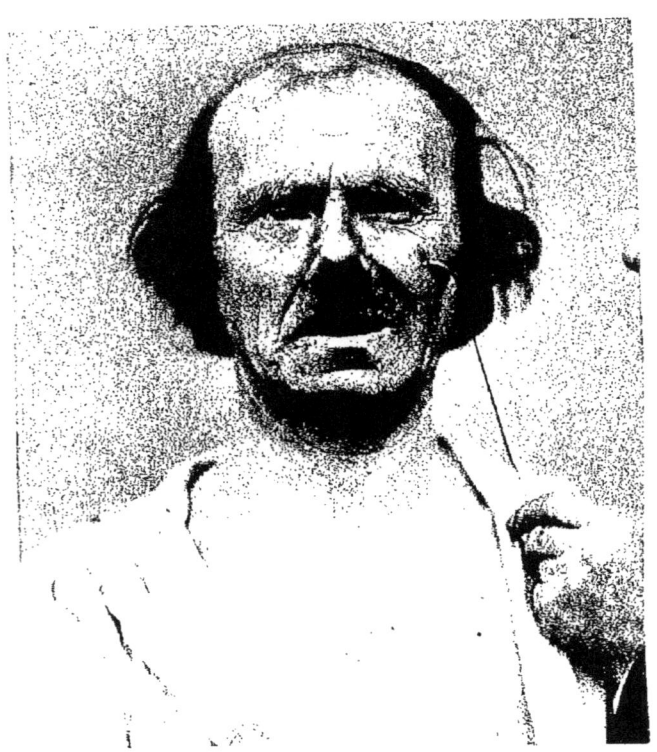

DUCHENNE (de Boulogne), phot.

ÉLECTRO-PHYSIOLOGIE PHOTOGRAPHIQUE.

Fig. 47.

DUCHENNE (de Boulogne), phot.

ÉLECTRO-PHYSIOLOGIE PHOTOGRAPHIQUE.

Fig. 48.

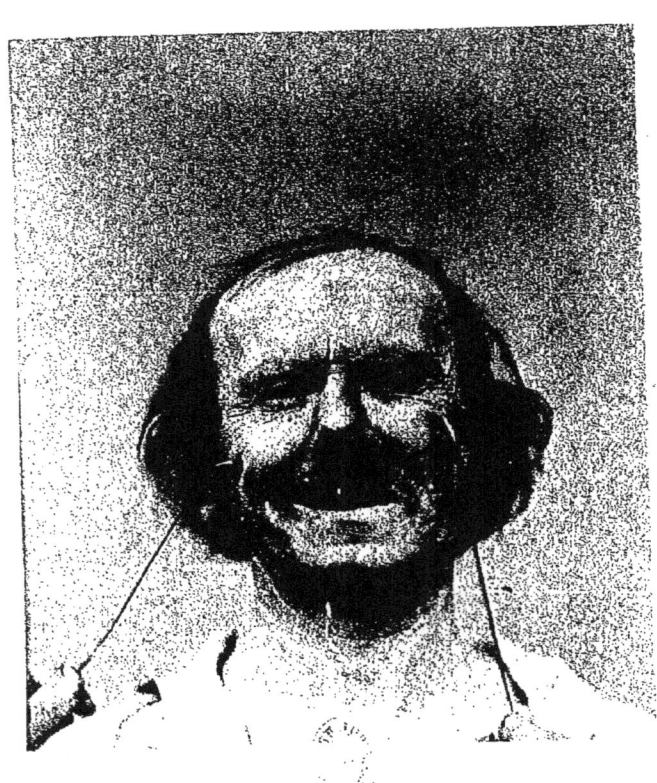

Duchenne de Boulogne, phot.

ÉLECTRO-PHYSIOLOGIE PHOTOGRAPHIQUE.

Fig. 49.

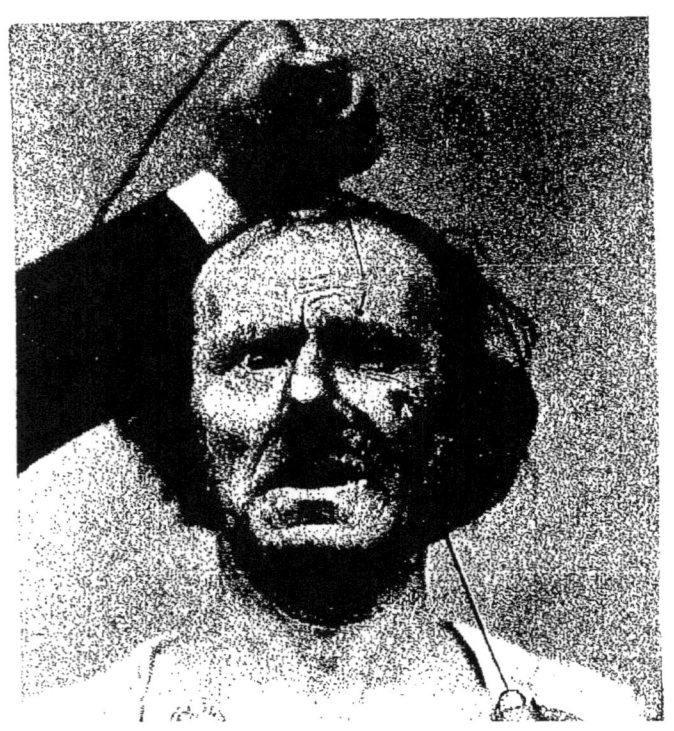

ÉLECTRO-PHYSIOLOGIE PHOTOGRAPHIQUE.

Fig. 50.

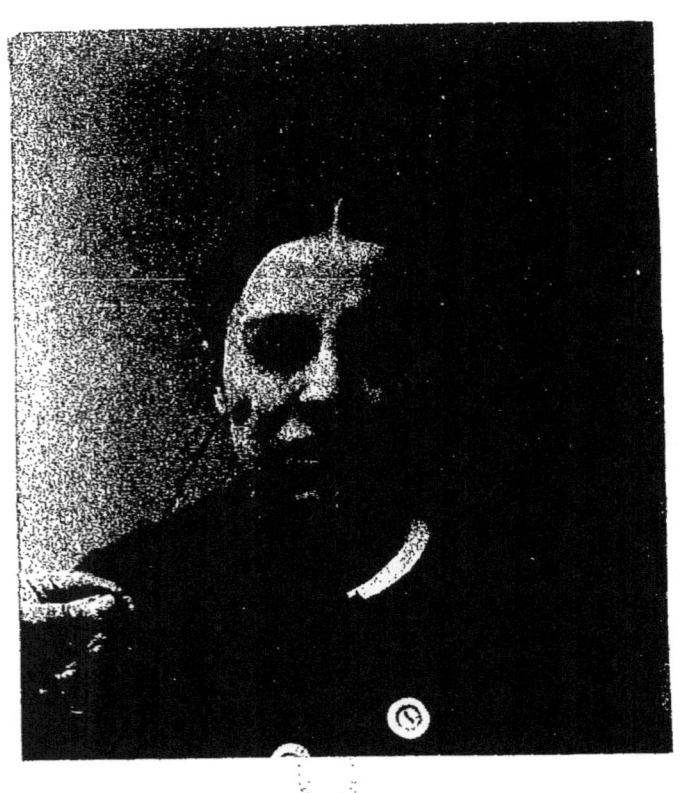

ÉLECTRO-PHYSIOLOGIE PHOTOGRAPHIQUE.

Fig. 51.

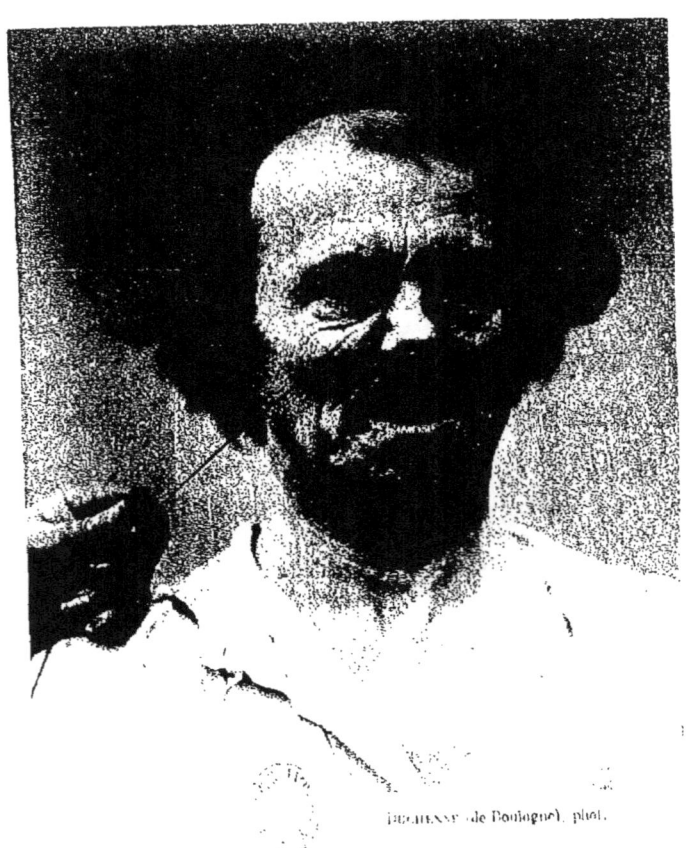

Duchenne (de Boulogne), phot.

ÉLECTRO-PHYSIOLOGIE PHOTOGRAPHIQUE.

FIG. 52.

Duchenne (de Boulogne), phot.

ÉLECTRO-PHYSIOLOGIE PHOTOGRAPHIQUE.

Fig. 53.

Duchenne (de Boulogne) phot.

X

MUSCLES COMPLÉMENTAIRES DE LA SURPRISE

(ABAISSEURS DU MAXILLAIRE INFÉRIEUR).

Figures 54, 55, 56, 57.

LÉGENDE.

Fig. 54. — Destinée à l'étude des lignes, des reliefs cutanés et du modelé, produits par les *abaisseurs du maxillaire inférieur*, chez le vieillard (représenté dans les fig. 3, 7, 8, 9, 12, 13, 14, 17, 18, 19, 20, 21, 22, 30, 31, 32, 33, 34, 37, 38, 39, 43, 44, 45, 46, 47, 48, 49, 51, 52, 53).

Abaissement volontaire de la mâchoire inférieure, ou des téguments de la partie inférieure de la face ; mouvement inexpressif.

Fig. 55. — Destinée à montrer qu'il ne suffit pas d'ouvrir la bouche et d'élever les sourcils pour peindre l'étonnement, mais qu'un rapport parfait doit exister entre ces divers mouvements, sous peine de ne faire qu'une grimace.

Abaissement volontaire, au maximum, de la mâchoire

inférieure, avec élévation volontaire et modérée des sourcils : *étonnement mal rendu par le sujet* ; expression ridicule et niaise.

Fig. 56. — Destinée à l'étude de la contraction combinée, à un degré modéré, du *frontal* et des *abaisseurs du maxillaire inférieur*.

Abaissement volontaire et modéré de la mâchoire inférieure, et contraction électrique proportionnelle des frontaux : *surprise*.

Fig. 57. — Destinée à l'étude de la contraction combinée, au maximum, des *frontaux* et des *abaisseurs du maxillaire inférieur*.

Abaissement volontaire, au maximum, de la mâchoire inférieure, et contraction électrique énergique des frontaux : *étonnement, stupéfaction, ébahissement*.

EXPLICATION DE LA LÉGENDE.

A. — Mécanisme.

Les abaisseurs de la mâchoire inférieure et leurs filets nerveux moteurs, étant recouverts par le peaucier, ne peuvent être électrisés sans que ce dernier muscle se contracte en même temps ; leur excitation partielle est possible seulement lorsque le peaucier est atrophié ou lorsqu'il a perdu son irritabilité. Aussi ai-je dû engager les sujets sur lesquels j'ai fait les expériences reproduites ci dessus par la photographie, à ouvrir leur bouche plus ou moins largement.

On remarque, dans les figures 54 et 56, qu'à l'instant où la bouche s'ouvre, les traits de la moitié inférieure de la face sont attirés directement en bas et s'allongent ; que les lèvres décrivent deux arcs de courbes en sens inverse, à peu près égaux, et dont la corde commune passe par les commissures labiales.

Ces figures 54 et 56 montrent cet allongement des traits, et ces courbes labiales qui augmentent proportionnellement au degré d'abaissement de la mâchoire inférieure. On voit aussi dans toutes ces figures qu'un relief transversal s'est développé sur la peau située au-dessous de la mâchoire inférieure, et que ce relief est limité en avant par un sillon à concavité supérieure, qui, naissant 2 centimètres et demi en arrière du menton, remonte sur les côtés des joues, et par un second sillon moins profond, moins étendu, et situé un centimètre et demi en arrière du premier. Je ferai remarquer enfin que le modelé du cou n'a pas éprouvé la moindre modification, quel que fût le degré d'abaissement de la mâchoire inférieure.

B. — Expression.

La figure 55, où la mâchoire inférieure est seulement abaissée, n'exprime assurément aucune émotion de l'âme. Mais on sent, à la vue de la figure 56, que le sujet qu'elle représente vient d'apprendre une nouvelle inattendue ou qu'il aperçoit un objet qui le surprend. C'est l'expression de la surprise que j'ai obtenue en combinant l'abaissement volontaire de la mâchoire inférieure avec la contraction électrique du frontal.

La même combinaison musculaire au maximum de contraction peint, dans la figure 57, une émotion analogue, mais à son plus haut degré de manifestation. L'impression y est plus forte et l'ébranlement plus grand. Cet homme contemple une chose avec la plus grande surprise ; il a peine à y croire, *comme s'il tombait des nues ;* il est fortement ému ; il est étonné, il est ébahi, il demeure *stupide* (Corneille).

Pour exprimer expérimentalement des expressions aussi

justes que dans ces figures 56 et 57, il faut qu'il y ait un rapport parfait entre le degré d'ouverture de la bouche et d'élévation des sourcils.

Le sujet d'après lequel j'ai photographié ces expériences électro-physiologiques n'a pas su lui-même imiter ces expressions, parce qu'il ne les sentait pas. — On sait que son intelligence est bornée. — Je l'avais engagé à exprimer la surprise et l'étonnement de la même manière que dans les figures photographiées que je venais de produire artificiellement. Il ouvrit simplement la bouche, comme s'il allait bâiller (voyez la fig. 55). J'eus beau le stimuler, lui faisant écarter plus largement les mâchoires et l'engageant à élever ses sourcils autant que possible, je ne pus en tirer que l'expression niaise et ridicule reproduite par la photographie, dans la figure 56. La bouche était ouverte d'une manière exagérée, comparativement à la mollesse des mouvements de ses sourcils et de ses paupières. Aussi a-t-il plutôt l'air de chanter que d'éprouver une émotion occasionnée par l'étonnement.

ÉLECTRO-PHYSIOLOGIE PHOTOGRAPHIQUE.

Fig. 54.

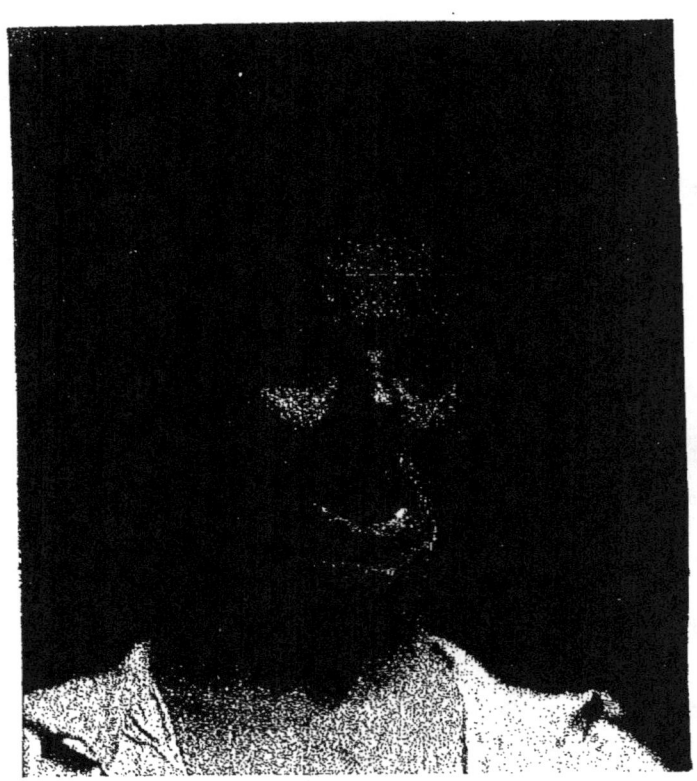

Duchenne (de Boulogne), phot.

ÉLECTRO-PHYSIOLOGIE PHOTOGRAPHIQUE.

Fig. 55.

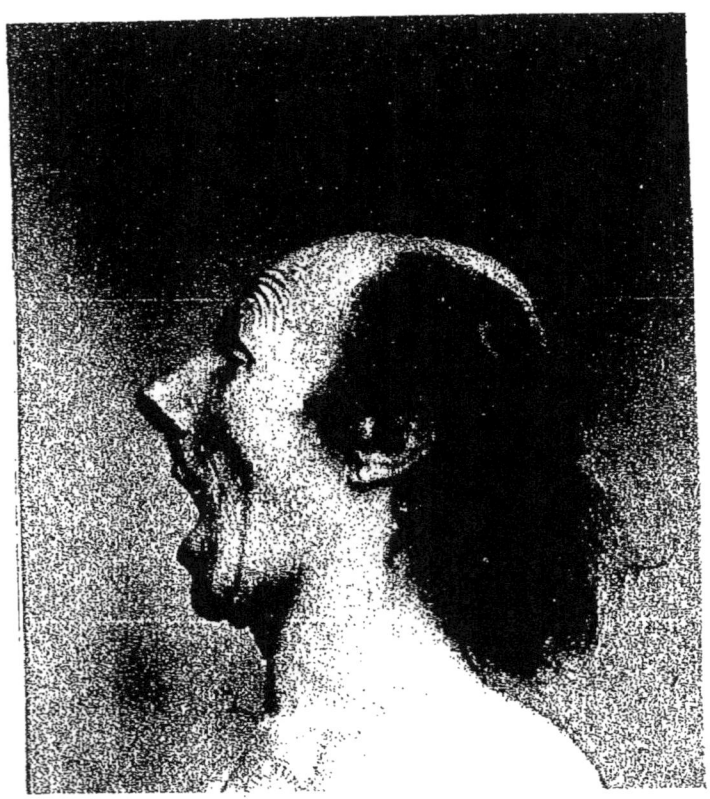

Duchenne (de Boulogne), phot.

ÉLECTRO-PHYSIOLOGIE PHOTOGRAPHIQUE.

FIG. 56.

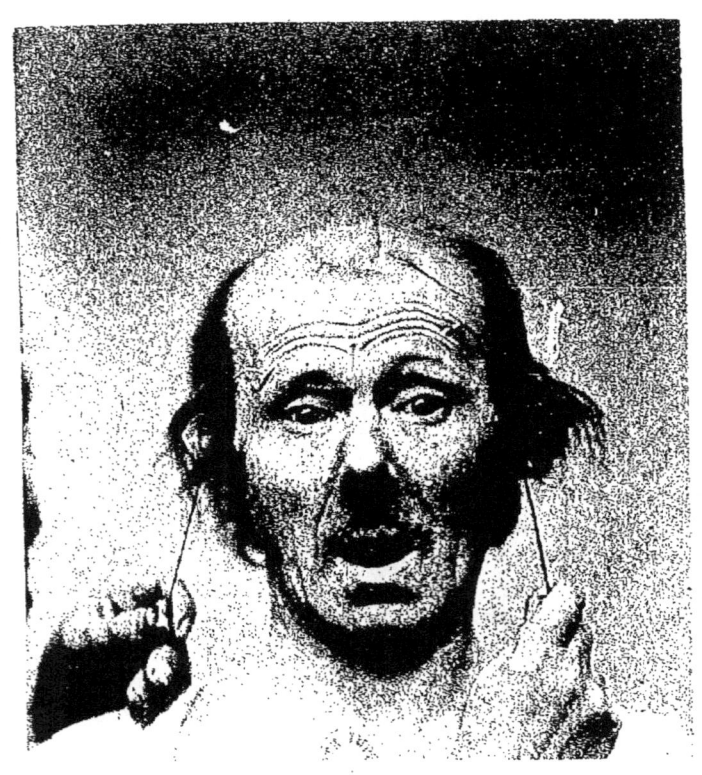

Duchenne (de Boulogne), ph. et

ÉLECTRO-PHYSIOLOGIE PHOTOGRAPHIQUE.

Fig. 57.

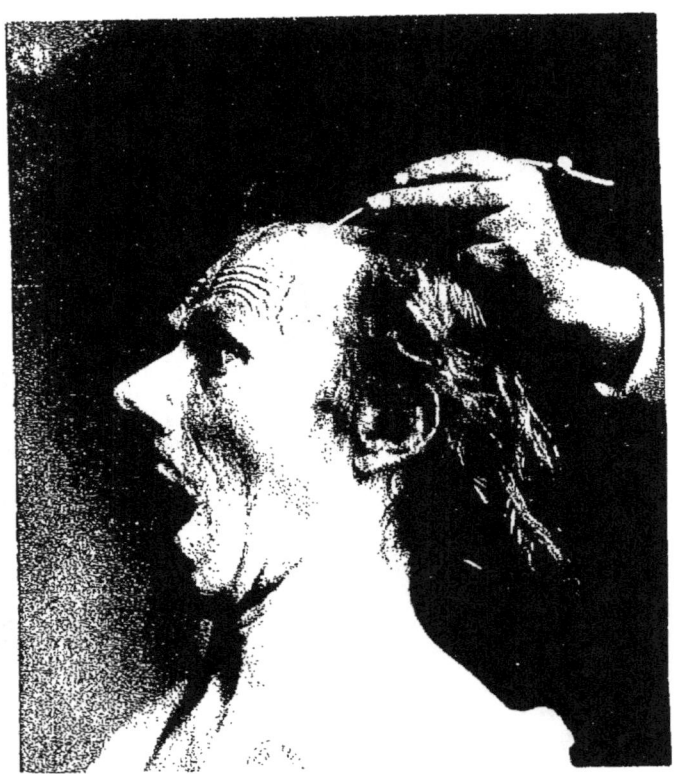

DUCHENNE (de Boulogne), phot.

manque cahier de
table des matières
de l'album.

ÉLECTRO-PHYSIOLOGIE PHOTOGRAPHIQUE.

Fig. 58.

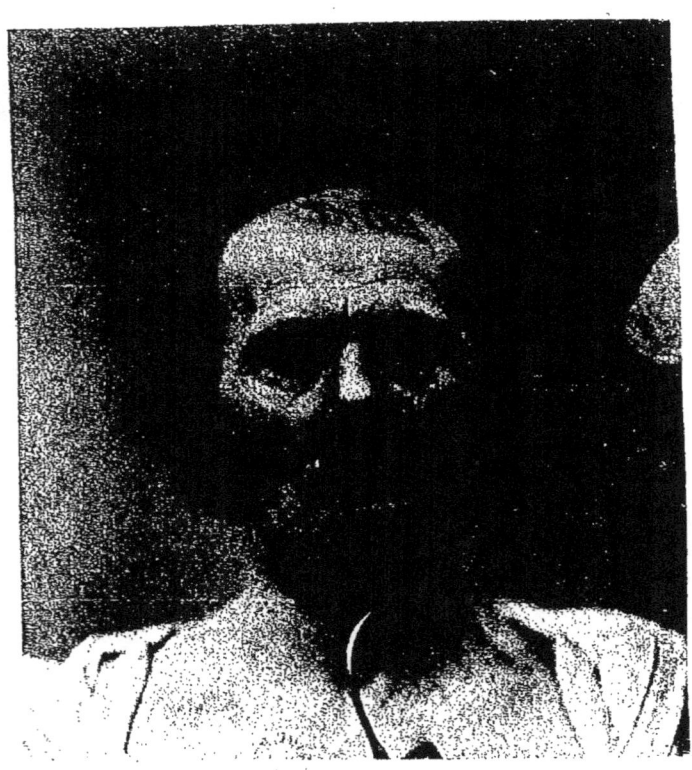

DUCHENNE (de Boulogne), phot.

ÉLECTRO-PHYSIOLOGIE PHOTOGRAPHIQUE.

Fig. 59.

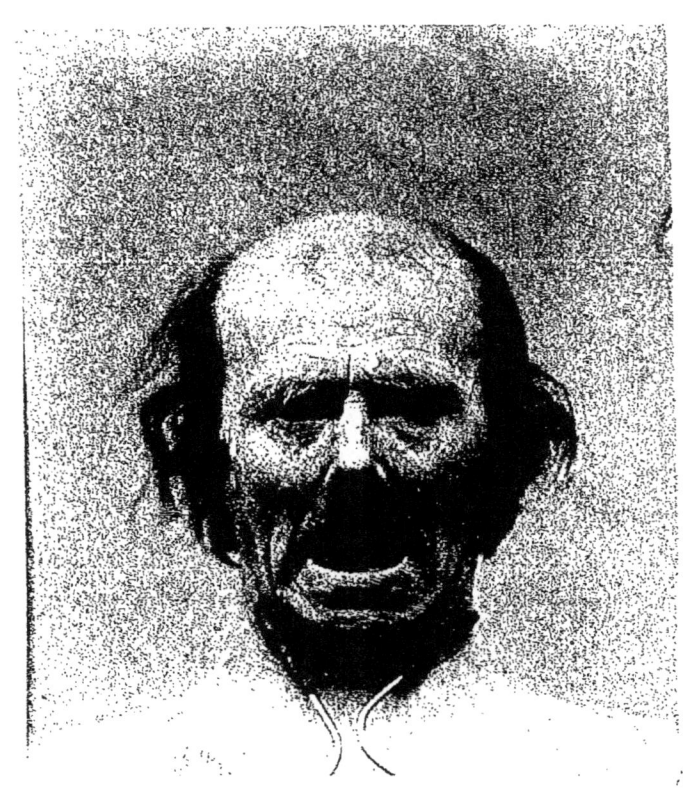

Duchenne (de Boulogne) phot.

ÉLECTRO-PHYSIOLOGIE PHOTOGRAPHIQUE.

FIG. 60.

DUCHENNE (de Boulogne), phot.

ÉLECTRO-PHYSIOLOGIE PHOTOGRAPHIQUE.

Fig. 61.

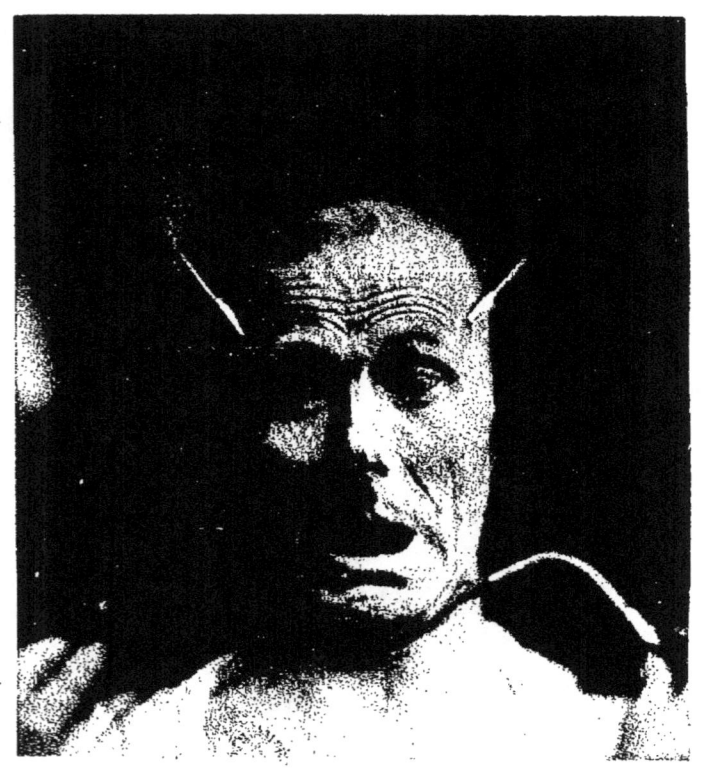

ÉLECTRO-PHYSIOLOGIE PHOTOGRAPHIQUE.

Fig. 62.

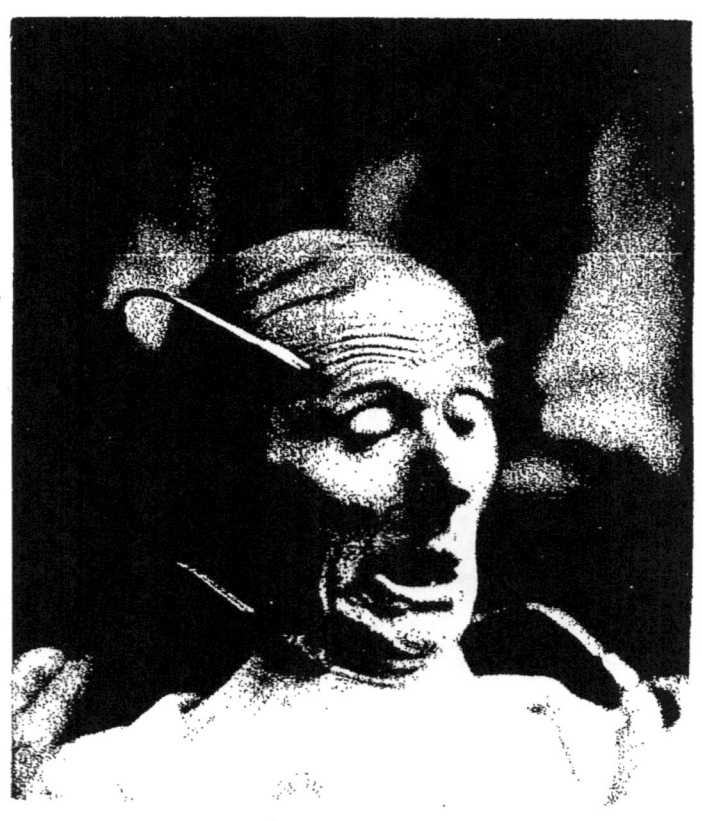

Duchenne (de Boulogne), phot.

ÉLECTRO-PHYSIOLOGIE PHOTOGRAPHIQUE.

Fig. 63.

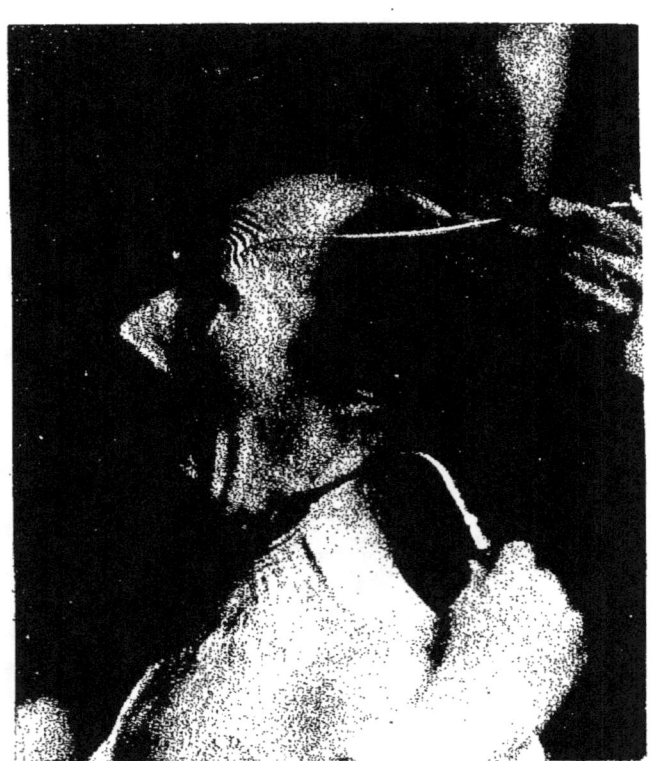

Duchenne (de Boulogne), phot.

ÉLECTRO-PHYSIOLOGIE PHOTOGRAPHIQUE.

Fig. 64.

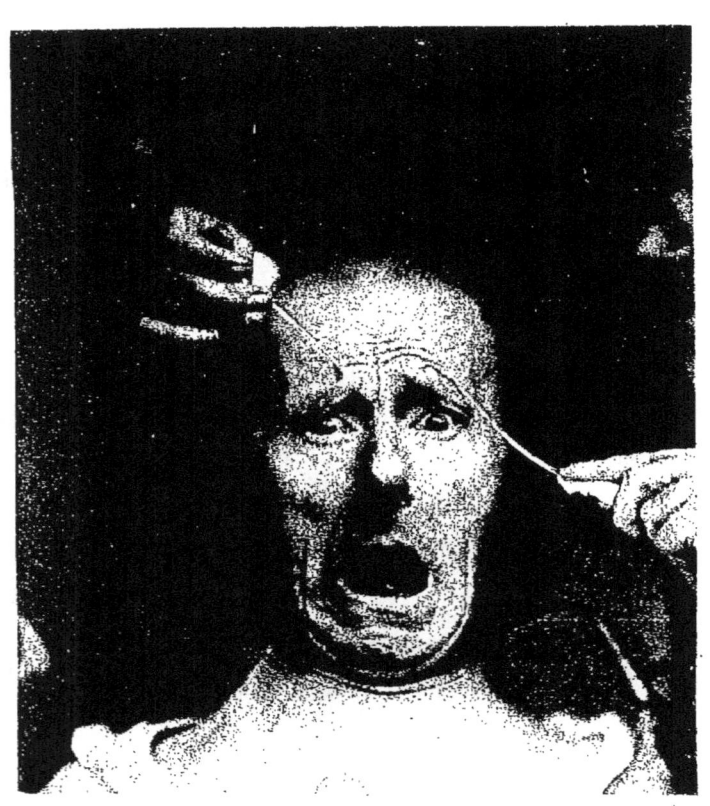

Duchenne (de Boulogne), phot.

ÉLECTRO-PHYSIOLOGIE PHOTOGRAPHIQUE.

Fig. 65.

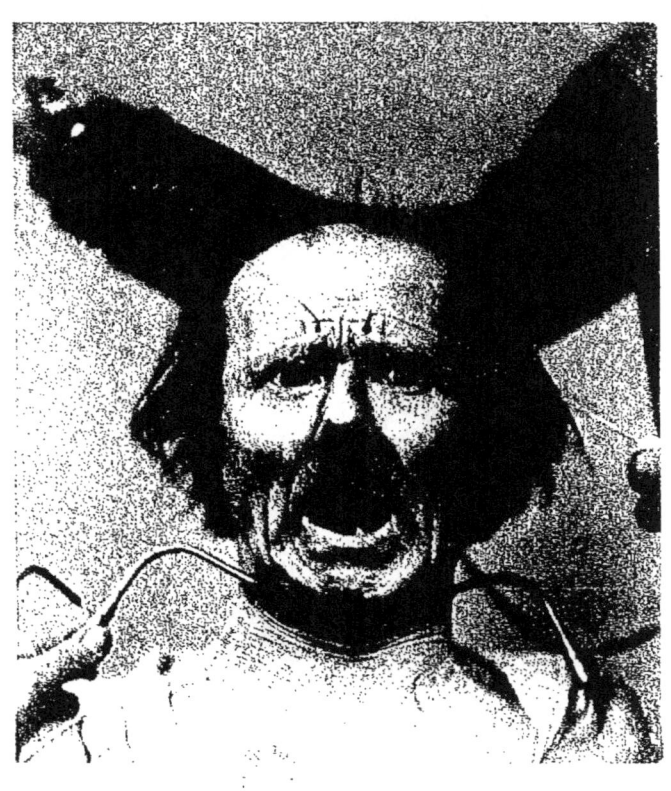

ÉLECTRO-PHYSIOLOGIE PHOTOGRAPHIQUE.

FIG. 66.

DUCHENNE (De Boulogne), phot.

ÉLECTRO-PHYSIOLOGIE PHOTOGRAPHIQUE.

FIG. 67.

DUCHENNE (de Boulogne), phot.

ÉLECTRO-PHYSIOLOGIE PHOTOGRAPHIQUE.

Fig. 68.

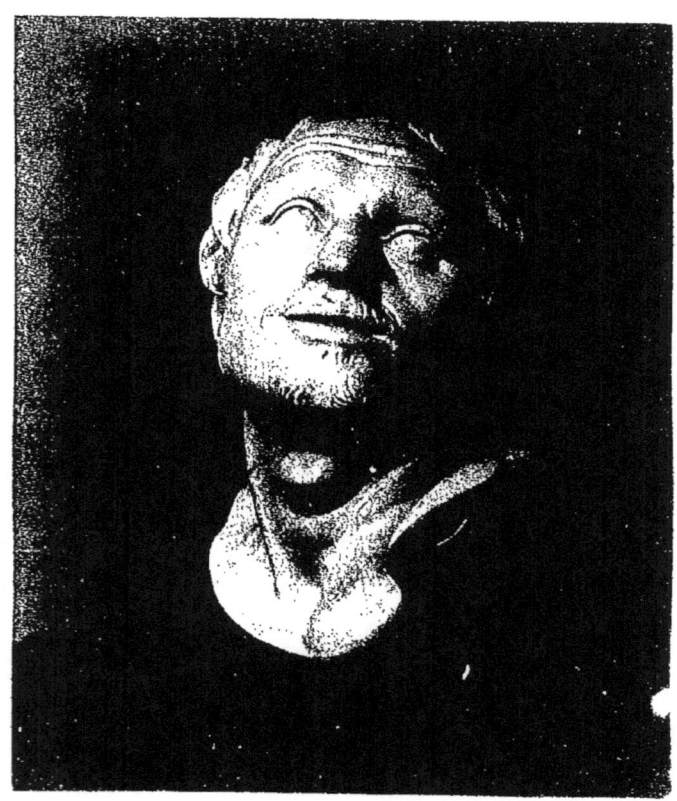

Duchenne (de Boulogne), phot.

ÉLECTRO-PHYSIOLOGIE PHOTOGRAPHIQUE.

Fig. 69.

DUCHENNE de Boulogne phot.

ÉLECTRO-PHYSIOLOGIE PHOTOGRAPHIQUE.

Fig. 70.

Duchenne (de Boulogne), phot.

ÉLECTRO-PHYSIOLOGIE PHOTOGRAPHIQUE.

FIG. 71.

Duchenne (de Boulogne), phot.

ÉLECTRO-PHYSIOLOGIE PHOTOGRAPHIQUE.

Fig. 72.

Duchenne de Boulogne, phot.

ÉLECTRO-PHYSIOLOGIE PHOTOGRAPHIQUE.

Fig. 73.

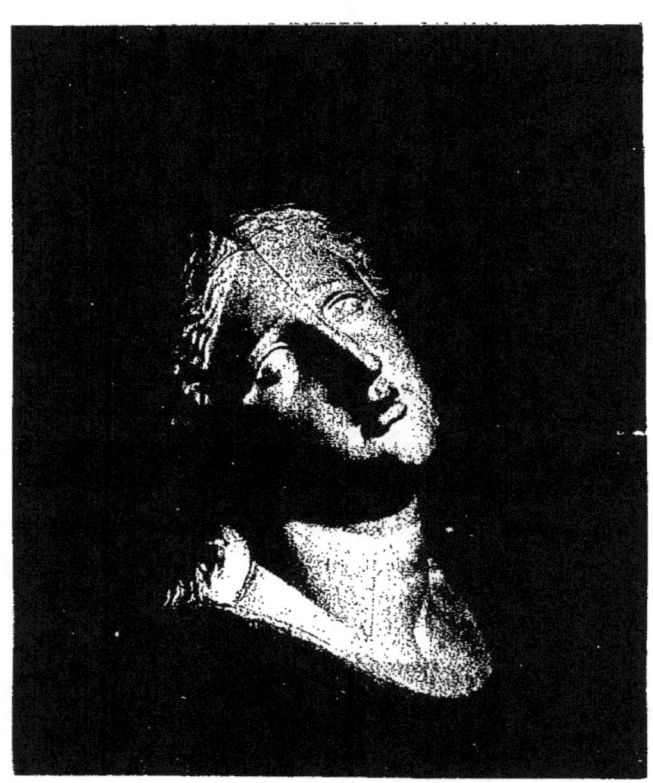

Duchenne (de Boulogne), phot.

www.ingramcontent.com/pod-product-compliance
Lightning Source LLC
Chambersburg PA
CBHW060639170426
43199CB00012B/1603